KB272522

K-뉴스 읽기

외국인을 위한 시사 한국어

K-뉴스 읽기

외국인을 위한 시사 한국어

초판 인쇄 2026년 3월 4일
초판 발행 2026년 3월 10일

저 자 · 조윤경, 박은미, 이영희

펴 낸 이 · 박찬익
책임편집 · 권효진
펴 낸 곳 · (주)박이정출판사

주소 · 경기도 하남시 조정대로45 미사센텀비즈 8층 F827호
전화 · 031)792-1195   **팩스** · 02)928-4683
홈페이지 · www.pijbook.com
이메일 · pijbook@naver.com
등록 · 2014년 8월 22일 제305-2014-000029호

ISBN · 979-11-7497-024-4 (13710)

가격 · 18,000원

K-뉴스 읽기

외국인을 위한 시사 한국어

조윤경·박은미·이영희 지음

박이정

머리말

한국 사회는 빠른 속도로 변화하고 있습니다. 정치·경제·사회·문화 전반에서 새로운 이슈가 끊임없이 등장하고 있으며, 이러한 변화는 우리의 언어 사용과도 깊이 연결되어 있습니다. 한국어를 배우는 유학생들에게 시사적인 내용을 이해하는 능력은 단순한 어휘 습득을 넘어, 실제 삶 속에서 한국어로 소통하는 힘을 기르는 데 중요한 요소라고 생각합니다. 특히 뉴스 기사나 사회 현상을 다룬 글에는 공식적인 표현과 고급 어휘가 풍부하게 담겨 있어, 대학 수준의 한국어 학습에 매우 효과적인 자료가 됩니다.

《K-뉴스 읽기》는 한국 사회에서 실제로 일어나고 있는 사건과 현안을 교육 자료로 활용한 대학 교재입니다. 학습자들이 교실 안에서만 머무는 한국어가 아니라, 현실과 연결된 살아 있는 한국어를 접할 수 있도록 구성하였습니다. 다양한 시사 텍스트를 통해 읽기 능력을 강화하고, 핵심 어휘와 표현을 체계적으로 익힐 수 있도록 설계하였습니다. 이를 통해 학습자들이 보다 자연스럽고 실제적인 한국어를 이해하고 활용할 수 있기를 기대합니다.

또한 본 교재는 언어 교육과 한국 사회·문화 교육을 함께 아우르는 통합적 접근을 지향합니다. 각 단원에서는 시사 이슈의 배경과 사회적 의미를 함께 다루어, 학습자들이 사건을 단편적으로 이해하는 데 그치지 않고 한국 사회의 구조와 가치관을 폭넓게 이해할 수 있도록 하였습니다. 더 나아가 토의 활동과 사고 확장 질문을 통해 자신의 생각을 한국어로 표현하고, 비판적으로 사고하는 힘을 기를 수 있도록 구성하였습니다.

이 교재가 유학생 여러분에게 한국어 능력 향상은 물론, 한국 사회를 깊이 이해하는 소중한 학습 경험이 되기를 바랍니다. 《K-뉴스 읽기》를 통해 학습자들이 변화하는 사회 속에서 한국어로 소통하고 참여하는 능동적인 구성원으로 성장하기를 진심으로 기대합니다.

일러두기

1과

맛집의 향연
음식이 문화가 되다

도입 : 뉴스 제목으로 주제 예측하기

- 본 단원은 신문·뉴스 기사 제목 형식으로 제목을 구성하여, 학습자들이 K-뉴스 읽기 텍스트에 자연스럽게 익숙해지도록 설계하였다. 제목을 통해 기사 주제를 예측하게 함으로써, 실제 뉴스 읽기 전략을 훈련한다.

도입 활동 : 뉴스 화면을 통한 배경지식 활성화

- 도입부에서는 뉴스 화면 이미지를 활용하여 학습자가 담화 유형(뉴스)을 인식하고 학습 맥락에 몰입하도록 한다.

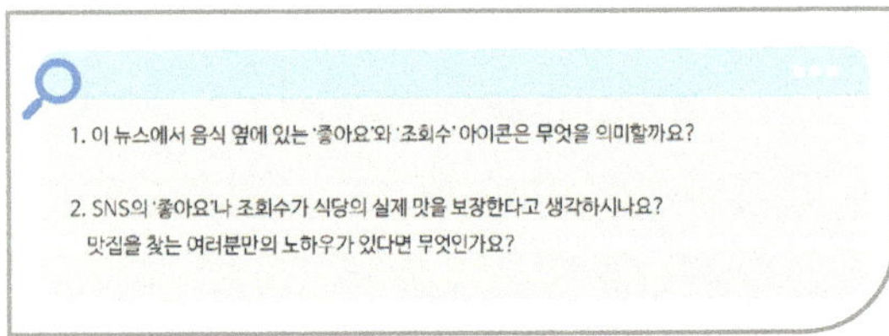

도입 질문 : 배경지식 활성화 및 유도

- 제시된 도입 질문은 이미지·제목·아이콘을 단서로 오늘의 학습 내용을 추측하게 하는 활동으로, 학습자의 배경지식과 개인 경험을 활성화하는 역할을 한다.

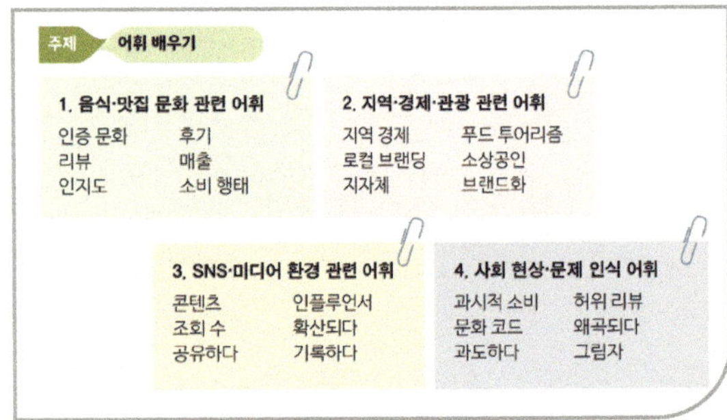

주제 어휘 제시 : 본문 이해를 위한 어휘 준비

- 본 단원에서는 본문 이해에 필요한 핵심 어휘를 주제별로 묶어 제시하였다. 어휘를 개별적으로 나열하지 않고, 의미 영역별 목록으로 구성함으로써 학습자가 해당 단원을 하나의 주제 단어장처럼 인식하도록 하였다.

어휘 · 확인하기 1

※ (   )에 들어갈 알맞은 것을 [보기]에서 골라 쓰십시오.

[보기] 후기 / 조회 수 / 매출 / 인지도

1. 온라인에서 자주 언급되는 맛집일수록 대중에게 알려진 (   )이/가 높다.
2. 많은 사람들은 식당을 선택할 때 실제 방문자의 (   )을/를 참고한다.
3. 방송이나 SNS에 소개된 이후 해당 음식점의 (   )이/가 급격히 증가했다.
4. 이 맛집 영상은 하루 만에 수십만 명이 시청하면서 (   )이/가 크게 늘었다.

어휘 · 확인하기 2

※ 다음 어휘를 알맞은 설명과 연결하십시오.

1. 규모가 작은 가게나 사업을 운영하는 사람   •   • 푸드 투어리즘
2. 지역의 음식을 중심으로 그 지역의 문화와 생활을 체험하는 관광 •   • 로컬 브랜딩
3. 지역의 특징을 살려 도시나 마을의 이미지를 만드는 전략   •   • 소상공인
4. 지역 행정을 담당하는 지방 정부 기관   •   • 지자체

어휘 확인 활동 : 문맥 속 어휘 사용 점검

- 이 활동은 본문에 제시된 핵심 어휘를 문맥 속에서 이해하고 적용하는 연습을 목표로 한다.

표현 · 익히기 1

문법 ① - (으)ㄴ 결과
: 앞의 행동이나 변화가 누적되어 나타난 최종적인 결과를 말할 때 사용한다.

- 이렇게 변화**한 결과**, 음식은 단순한 식사를 넘어 문화 콘텐츠가 되었다.
- SNS를 통한 홍보가 늘어**난 결과**, 지역 맛집의 인지도가 크게 높아졌다.

※ '-(으)ㄴ 결과' 표현을 사용하여 다음 질문에 알맞은 대답을 완성하십시오.

1. 음식이 하나의 문화 콘텐츠로 인식되게 된 이유는 무엇입니까?
(SNS를 통해 음식 사진이 빠르게 확산되었다 / 음식은하나의 문화 콘텐츠로 인식되었다)

____

2. 지역 관광객 수가 증가한 이유는 무엇입니까?
(지역 축제가 활성화되었다 / 해당 지역의 관광객 수가 크게 증가했다)

표현·의미 학습 : 담화 핵심 문법 이해

- 이 부분에서는 본문에서 자주 사용되는 핵심 문법 표현을 중심으로 의미와 사용 상황을 함께 익히도록 구성하였다.
  각 문법은 간단한 설명 → 예문 → 문장 완성 활동의 흐름으로 제시하여, 학습자가 의미를 이해한 뒤 직접 사용해 보도록 설계하였다.

[문화 리포트] SNS가 바꾼 식탁, '보이는 맛'의 시대

  최근 한국 프로야구는 역대급 인기를 기록하고 있다. 시즌 전반기에만 관중 수 600만 명을 돌파하며 연일 매진 행렬을 이어 가고 있고, 야구장은 주말은 물론 평일에도 관중들로 가득 찬다. 이러한 흥행의 중심에는 젊은 세대, 특히 MZ세대의 적극적인 참여가 있다. 과거 중장년층의 스포츠로 인식되던 야구는 이제 20대와 10대까지 아우르는 대중 문화로 변화하고 있다.

  MZ세대 야구 팬의 증가는 미디어 환경 변화와 깊은 관련이 있다. 예능 프로그램 〈라이브 야구〉나 유튜브 콘텐츠 〈플레이 존〉은 야구 규칙을 몰라도 즐길 수 있는 형식으로 야구의 진입 장벽을 낮췄다. 각 구단 역시 유튜브 채널을 통해 선수들의 일상, 비하인드 스토리, 브이로그 등을 공개하며 팬들과의 거리를 좁히고 있다. 야구는 이제

기사 읽기 구성 및 활용 설명

- 이 부분에서는 실제 뉴스 기사 형식의 글을 제시하여, 학습자가 K-뉴스 읽기 담화에 직접 노출되도록 구성하였다.
  학습자는 기사를 읽으며 주제 파악, 핵심 정보 이해, 사회·문화적 변화에 대한 관점을 함께 익히게 된다.

일러두기

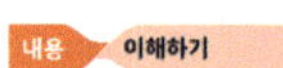

1. 다음 중 글에서 말하는 '보이는 맛의 시대'에 대한 설명으로 가장 알맞은 것은 무엇입니까?

① 음식이 이미지로 소비되는 시대　② 음식의 영양과 건강이 중시되는 시대
③ 집에서 요리하며 식문화를 즐기는 시대　④ 전통 음식의 고유한 맛이 강조되는 시대

2. 맛집 문화가 지역 사회에 미친 영향으로 알맞은 것은 무엇입니까?

① 소상공인의 역할이 줄어들었다
② 관광과 음식 산업의 관련성이 없다
③ 외식 비용 증가로 지역 소비가 감소했다
④ 음식이 지역을 대표하는 브랜드로 성장했다

3. 맛집 문화가 지역 사회에 주는 긍정적인 영향은 무엇입니까?

4. 맛집 문화의 부정적인 측면 한 가지를 쓰고, 그 이유를 간단히 설명하십시오.

내용 이해하기 : 기사 핵심 내용 확인

- 이 활동은 기사를 읽은 후, 학습자가 글의 중심 내용과 필자의 관점을 정확히 이해했는지를 확인하기 위해 구성되었다.

---

1. 각 문단에서 중요한 키워드를 2-3개를 찾아 쓰십시오.

문단	핵심 키워드
1문단 - 주제 제시	보이는 맛의 시대, SNS
2문단 - 원인 설명	인지도,
3문단 - 긍정적 영향	
4문단 - 문제점 제시	
5문단 - 결론	

읽고 정리하기 : 기사 구조와 핵심 내용 정리

- 이 활동은 기사를 읽은 후, 학습자가 문단별 역할과 핵심 내용을 구조적으로 정리하도록 돕기 위해 구성되었다.

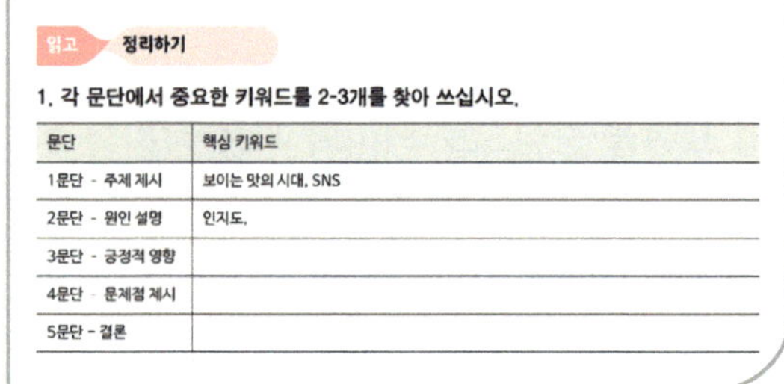

- 이후 빈칸 채우기 방식의 문단 요약 활동을 통해 각 문단의 중심 내용을 다시 한 번 확인하고, 핵심 표현을 문맥 속에서 정리하도록 한다. 마지막으로 자신의 말로 요약하는 활동을 통해 기사 내용을 통합적으로 재구성하고, 연결 표현을 활용한 논리적인 요약 능력을 기르도록 한다.

적용하기 : 나만의 시선으로 맛집 리뷰 만들기

적용하기 나만의 시선으로 맛집 리뷰 만들기

※ 같은 음식을 함께 먹고 난 후에 각자의 관점에서 짧은 리뷰를 작성하고 공유해 봅시다.

1단계 : 경험하기
- 팀원들과 함께 맛집을 찾고, 맛집 음식을 먹는다.
  (식당, 카페, 학교 근처, 편의점 음식도 가능합니다.)
- 음식의 맛, 가격, 분위기, 사진 등을 자유롭게 관찰한다.

2단계 : 생각 정리하기
- 이 음식의 가장 인상적인 점은 무엇이었습니까?

- 이 활동은 학습자가 실제 경험을 바탕으로 앞에서 학습한 어휘·표현·기사 내용을 종합적으로 활용하도록 구성되었다.

확장하기 : 시사 주제를 말하기 활동으로 확장하기

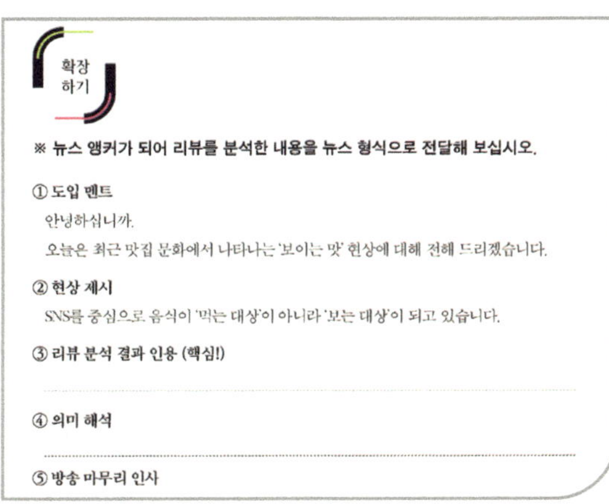

확장하기

※ 뉴스 앵커가 되어 리뷰를 분석한 내용을 뉴스 형식으로 전달해 보십시오.

① 도입 멘트
  안녕하십니까.
  오늘은 최근 맛집 문화에서 나타나는 '보이는 맛' 현상에 대해 전해 드리겠습니다.

② 현상 제시
  SNS를 중심으로 음식이 '먹는 대상'이 아니라 '보는 대상'이 되고 있습니다.

③ 리뷰 분석 결과 인용 (핵심!)

④ 의미 해석

⑤ 방송 마무리 인사

- '확장하기'는 앞에서 학습한 읽기·어휘·표현·쓰기 내용을 바탕으로, 이를 다양한 말하기 활동으로 확장하는 단계이다. 이를 통해 학습자는 시사 주제를 단순히 이해하는 데 그치지 않고, 공식적·비공식적 말하기 상황에서 자신의 관점과 해석을 논리적으로 전달하는 연습을 하게 된다.

시사 용어 더하기 : 핵심 개념 확장 및 심화 이해

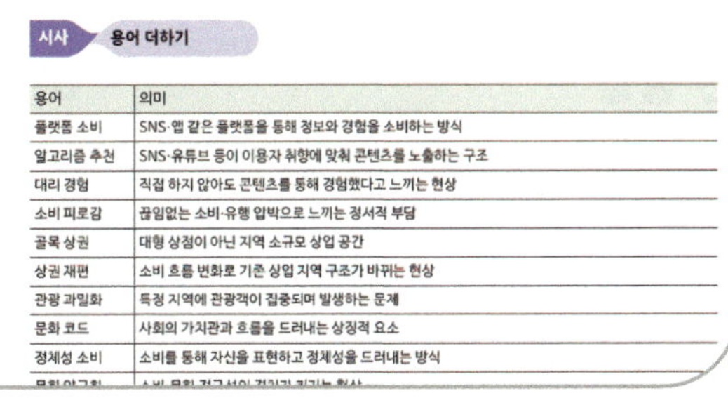

시사 용어 더하기

용어	의미
플랫폼 소비	SNS·앱 같은 플랫폼을 통해 정보와 경험을 소비하는 방식
알고리즘 추천	SNS·유튜브 등이 이용자 취향에 맞춰 콘텐츠를 노출하는 구조
대리 경험	직접 하지 않아도 콘텐츠를 통해 경험했다고 느끼는 현상
소비 피로감	끊임없는 소비·유행 압박으로 느끼는 정서적 부담
골목 상권	대형 상점이 아닌 지역 소규모 상업 공간
상권 재편	소비 흐름 변화로 기존 상업 지역 구조가 바뀌는 현상
관광 과밀화	특정 지역에 관광객이 집중되며 발생하는 문제
문화 코드	사회의 가치관과 흐름을 드러내는 상징적 요소
정체성 소비	소비를 통해 자신을 표현하고 정체성을 드러내는 방식
문화 양극화	[illegible]

- 이 활동은 기사와 관련된 시사·사회 문화 용어를 추가로 제시하여, 학습자가 본문의 내용을 개념 차원에서 확장·심화하도록 구성되었다.

목차

맛집의 향연 음식이 문화가 되다

1. 이 뉴스에서 음식 옆에 있는 '좋아요'와 '조회수' 아이콘은 무엇을 의미할까요?

2. SNS의 '좋아요'나 조회수가 식당의 실제 맛을 보장한다고 생각하시나요?
   맛집을 찾는 여러분만의 노하우가 있다면 무엇인가요?

1. 음식·맛집 문화 관련 어휘

인증 문화	후기
리뷰	매출
인지도	소비 행태

2. 지역·경제·관광 관련 어휘

지역 경제	푸드 투어리즘
로컬 브랜딩	소상공인
지자체	브랜드화

3. SNS·미디어 환경 관련 어휘

콘텐츠	인플루언서
조회 수	확산되다
공유하다	기록하다

4. 사회 현상·문제 인식 어휘

과시적 소비	허위 리뷰
문화 코드	왜곡되다
과도하다	그림자

어휘 ▸ 확인하기 1

※ (   )에 들어갈 알맞은 것을 [보기]에서 골라 쓰십시오.

[보기] 후기 / 조회 수 / 매출 / 인지도

1. 온라인에서 자주 언급되는 맛집일수록 대중에게 알려진 (   )이/가 높다.
2. 많은 사람들은 식당을 선택할 때 실제 방문자의 (   )을/를 참고한다.
3. 방송이나 SNS에 소개된 이후 해당 음식점의 (   )이/가 급격히 증가했다.
4. 이 맛집 영상은 하루 만에 수십만 명이 시청하면서 (   )이/가 크게 늘었다.

어휘 ▸ 확인하기 2

※ 다음 어휘를 알맞은 설명과 연결하십시오.

1. 규모가 작은 가게나 사업을 운영하는 사람   •   • 푸드 투어리즘
2. 지역의 음식을 중심으로 그 지역의 문화와 생활을 체험하는 관광   •   • 로컬 브랜딩
3. 지역의 특징을 살려 도시나 마을의 이미지를 만드는 전략   •   • 소상공인
4. 지역 행정을 담당하는 지방 정부 기관   •   • 지자체

문법 ① - (으)ㄴ 결과

: 앞의 행동이나 변화가 누적되어 나타난 최종적인 결과를 말할 때 사용한다.

• 이렇게 변화**한 결과**, 음식은 단순한 식사를 넘어 문화 콘텐츠가 되었다.
• SNS를 통한 홍보가 늘어**난 결과**, 지역 맛집의 인지도가 크게 높아졌다.

※ '**-(으)ㄴ 결과**' 표현을 사용하여 다음 질문에 알맞은 대답을 완성하십시오.

1. 음식이 하나의 문화 콘텐츠로 인식되게 된 이유는 무엇입니까?

　　(SNS를 통해 음식 사진이 빠르게 확산되었다 / 음식은하나의 문화 콘텐츠로 인식되었다)

　　---

2. 지역 관광객 수가 증가한 이유는 무엇입니까?

　　(지역 축제가 활성화되었다 / 해당 지역의 관광객 수가 크게 증가했다)

문법 ② -에 비해

: 둘 이상의 대상이나 상황을 비교하여 차이나 변화를 나타낼 때 사용한다.

• 실제 음식의 맛**에 비해** SNS 이미지가 더 중요해지고 있다.
• 예전**에 비해** 사람들은 음식을 더 많이 기록하고 공유한다.

※ '**-에 비해**' 표현을 사용하여 문장을 완성하십시오.

1. __________________ 지금은 음식의 사진과 분위기가 더 중요해졌다. (과거)

2. 실제 __________________ SNS에서 보이는 이미지가 소비자의 선택에 더 큰 영향을 준다. (방문)

[문화 리포트] SNS가 바꾼 식탁, '보이는 맛'의 시대

최근 한국 프로야구는 역대급 인기를 기록하고 있다. 시즌 전반기에만 관중 수 600만 명을 돌파하며 연일 매진 행렬을 이어 가고 있고, 야구장은 주말은 물론 평일에도 관중들로 가득 찬다. 이러한 흥행의 중심에는 젊은 세대, 특히 MZ세대의 적극적인 참여가 있다. 과거 중장년층의 스포츠로 인식되던 야구는 이제 20대와 10대까지 아우르는 대중 문화로 변화하고 있다.

MZ세대 야구 팬의 증가는 미디어 환경 변화와 깊은 관련이 있다. 예능 프로그램 〈라이브 야구〉나 유튜브 콘텐츠 〈플레이 존〉은 야구 규칙을 몰라도 즐길 수 있는 형식으로 야구의 진입 장벽을 낮췄다. 각 구단 역시 유튜브 채널을 통해 선수들의 일상, 비하인드 스토리, 브이로그 등을 공개하며 팬들과의 거리를 좁히고 있다. 야구는 이제 경기 결과만이 아니라 '콘텐츠'로 소비되는 문화가 되었다.

야구장의 역할도 달라지고 있다. 관중들은 단순히 경기를 보기 위해서가 아니라 먹거리, 이벤트, 응원 문화를 함께 즐기기 위해 야구장을 찾는다. 고척돔의 인기 메뉴나 문학야구장의 바비큐존처럼 야구장 먹거리는 하나의 즐길 거리로 자리 잡았다. 워터 페스티벌이나 떼창 이벤트는 야구 관람을 하나의 엔터테인먼트 경험으로 확장시키며 '직관'은 특별한 추억을 만드는 문화 활동이 되고 있다.

이러한 변화는 야구 산업 전반의 성장으로 이어지고 있다. 캐릭터 콜라보 굿즈, 선수 포토 카드, 한정판 상품 등은 MZ세대의 소비 성향과 맞물려 큰 인기를 끌고 있다. 더 나아가 한국 야구의 열정적인 응원 문화는 외국인 관광객에게도 매력적인 문화 자원으로 주목받고 있다. 한국 야구는 이제 스포츠를 넘어 세대와 국적을 연결하는 하나의 문화 산업으로 자리 잡아 가고 있다.

1. 다음 중 글에서 말하는 '보이는 맛의 시대'에 대한 설명으로 가장 알맞은 것은 무엇입니까?

① 음식이 이미지로 소비되는 시대　　② 음식의 영양과 건강이 중시되는 시대

③ 집에서 요리하며 식문화를 즐기는 시대　　④ 전통 음식의 고유한 맛이 강조되는 시대

2. 맛집 문화가 지역 사회에 미친 영향으로 알맞은 것은 무엇입니까?

① 소상공인의 역할이 줄어들었다.

② 관광과 음식 산업의 관련성이 없다.

③ 외식 비용 증가로 지역 소비가 감소했다.

④ 음식이 지역을 대표하는 브랜드로 성장했다.

3. 맛집 문화가 지역 사회에 주는 긍정적인 영향은 무엇입니까?

4. 맛집 문화의 부정적인 측면 한 가지를 쓰고, 그 이유를 간단히 설명하십시오.

1. 각 문단에서 중요한 키워드를 2-3개를 찾아 쓰십시오.

문단	핵심 키워드
1문단 - 주제 제시	보이는 맛의 시대, SNS
2문단 - 원인 설명	인지도,
3문단 - 긍정적 영향	
4문단 - 문제점 제시	
5문단 - 결론	

2. 다음 빈 칸에 들어갈 알맞은 내용을 쓰십시오.

1문단:

이 글은 음식의 맛보다 ＿＿＿＿ 반응이 중요해진 '보이는 맛의 시대'를 소개한다.

2문단:

이러한 변화는 인스타그램과 유튜브 같은 ＿＿＿＿ 개인의 식사 경험을 ＿＿＿＿ (으)로 만
들었기 때문이다.

3문단:

맛집 문화는 ＿＿＿＿ 지역 경제를 활성화시키는 긍정적인 역할을 하고 있다.

4문단:

하지만 과도한 ＿＿＿＿ 허위 리뷰와 과시적 소비 같은 ＿＿＿＿ (을/를) 낳고 있다.

5문단:

결국 맛집 문화는 '소유'보다 ＿＿＿＿, '개인'보다 ＿＿＿＿ (을/를) 중시하는 한국 사회의
가치 변화를 보여 준다.

3. 다음 표현을 사용하여 위의 내용을 5-6 문장으로 자신의 말로 요약해 보십시오.

나의 말로 요약하기 – [사용 권장 표현: 우선 / 한편 / 반면에 / 따라서 / 종합해 보면]

     K-뉴스 읽기 · 외국인을 위한 시사 한국어

적용하기 　나만의 시선으로 맛집 리뷰 만들기

※ 같은 음식을 함께 먹고 난 후에 각자의 관점에서 짧은 리뷰를 작성하고 공유해 봅시다.

1 단계 : 경험하기

- 팀원들과 함께 맛집을 찾고, 맛집 음식을 먹는다.
  (식당, 카페, 학교 근처, 편의점 음식도 가능합니다.)
- 음식의 맛, 가격, 분위기, 사진 등을 자유롭게 관찰한다.

2 단계 : 생각 정리하기

- 이 음식의 가장 인상적인 점은 무엇이었습니까?

- 이 음식은 어떤 사람에게 잘 어울릴까요?

----

3 단계 : 나만의 리뷰 작성 (3~4문장)

----

4 단계 : 팀 발표(선택)

5 단계 : 리뷰 분석 내용

항목	많이 언급됨	조금 언급됨
맛	☐	☐
사진/비주얼	☐	☐
분위기	☐	☐
가격	☐	☐
SNS 인증	☐	☐

■ 활동 정리 질문

같은 음식을 먹고도 리뷰가 달라지는 이유는 무엇이라고 생각합니까?

※ 뉴스 앵커가 되어 리뷰를 분석한 내용을 뉴스 형식으로 전달해 보십시오.

① 도입 멘트

안녕하십니까.

오늘은 최근 맛집 문화에서 나타나는 '보이는 맛' 현상에 대해 전해 드리겠습니다.

② 현상 제시

SNS를 중심으로 음식이 '먹는 대상'이 아니라 '보는 대상'이 되고 있습니다.

③ 리뷰 분석 결과 인용 (핵심!)

④ 의미 해석

⑤ 방송 마무리 인사

맛집은 이제 개인의 취향을 넘어, 문화와 정체성을 보여 주는 공간이 되고 있습니다.

용어	의미
플랫폼 소비	SNS·앱 같은 플랫폼을 통해 정보와 경험을 소비하는 방식
알고리즘 추천	SNS·유튜브 등이 이용자 취향에 맞춰 콘텐츠를 노출하는 구조
대리 경험	직접 하지 않아도 콘텐츠를 통해 경험했다고 느끼는 현상
소비 피로감	끊임없는 소비·유행 압박으로 느끼는 정서적 부담
골목 상권	대형 상점이 아닌 지역 소규모 상업 공간
상권 재편	소비 흐름 변화로 기존 상업 지역 구조가 바뀌는 현상
관광 과밀화	특정 지역에 관광객이 집중되며 발생하는 문제
문화 코드	사회의 가치관과 흐름을 드러내는 상징적 요소
정체성 소비	소비를 통해 자신을 표현하고 정체성을 드러내는 방식
문화 양극화	소비·문화 접근성의 격차가 커지는 현상

한국 야구 산업의 성장과 열기

MZ세대와 함께 뜨는 한국 야구

젊은 팬들의 참여로   '직관' 열풍…엔터테인먼트로 확장

---

1. 이 신문을 보면 야구장이 단순한 경기장이 아니라 어떤 공간으로 표현되고 있는지 말해 보세요.

2. 야구장이나 스포츠 경기장의 모습을 보거나 직접 가 본 적이 있나요? 있다면 경기 외에 가장 인상 깊었던 장면은 무엇인가요?

1. 야구·스포츠 관련 어휘

직관	홈경기
응원 문화	팬덤
구단	흥행

2. 산업·경제 관련 어휘

마케팅	굿즈
소비	시장
브랜드	한정판

3. 문화·사회 관련 어휘

MZ세대	여가 활동
참여	공유
정체성	글로벌화

4. 미디어·플랫폼 활용 관련 어휘

유튜브 채널	조회 수
구독자	바이럴
입덕	온라인 팬 소통

어휘　확인하기 1

※(　)에 들어갈 알맞은 것을 [보기]에서 골라 쓰십시오.

[보기] 관중 수 / 매진 / 팬덤 / 직관

1. SNS와 유튜브의 영향으로 젊은 세대를 중심으로 야구 (　)이/가 빠르게 확대되고 있다.
2. 경기장을 직접 찾아가 응원하고 분위기를 즐기는 (　)문화가 하나의 여가 활동으로 자리 잡았다.
3. 인기 구단의 홈경기는 예매 시작과 동시에 (　)인 경우가 많다.
4. 올 시즌 프로야구는 역대 최고 (　)을/를 기록하며 흥행에 성공했다.

어휘　확인하기 2

※다음 어휘를 알맞은 설명과 연결하십시오.

1. 영상을 시청한 횟수를 나타내는 수 　·　　·유튜브 채널
2. 영상 콘텐츠를 정기적으로 업로드하고 운영하는 온라인 플랫폼 　·　　·조회수
3. 스포츠나 문화 콘텐츠를 처음 접하고 팬이 되는 과정 　·　　·바이럴
4. 특정 콘텐츠나 영상이 많은 사람들에게 빠르게 퍼지는 현상 　·　　·입덕

문법 ①   - 을/를 비롯해

   : 대표적인 것을 먼저 제시하고, 그와 비슷한 여러 대상을 함께 나열할 때 사용한다.

- 유튜브**를 비롯해** SNS 전반에서 야구 콘텐츠가 확산되고 있다.
- 먹거리와 이벤트**를 비롯해** 다양한 문화 요소가 야구장에 결합되었다.

※**'-을/를 비롯해'** 표현을 사용하여 문장을 완성하세요.

1. ＿＿＿＿＿＿＿＿＿＿ 각종 플랫폼에서 맛집 정보가 공유되고 있다.

     (블러그)

2. ＿＿＿＿＿＿＿＿＿＿ 야구 산업이 확장되고 있다.

     (굿즈판매)

문법 ②   - 에 따라서

   : 조건·상황·대상에 따라 결과나 모습이 달라질 수 있음을 나타낼 때 사용한다.

- 구단**에 따라서는** 팬 문화가 매우 다르게 나타난다
- 지역**에 따라서는** 야구 관람 방식이 달라진다.

※**' -에 따라서는'** 표현을 사용하여 문장을 완성하십시오.

1. ＿＿＿＿＿＿＿＿＿ 야구를 즐기는 방식이 달라질 수 있다.

     (취향)

2. 실제＿＿＿＿＿＿＿＿＿ 팬들의 반응이 다르게 나타난다.

     (경기 상황)

[문화칼럼] 야구, 경기 그 이상을 즐기다

식사 전 스마트폰 카메라가 음식 위로 먼저 향하는 풍경은 이제 낯설지 않다. 사람들은 음식을 입으로 맛보기 전에 눈으로 경험하고, "이 집 진짜 맛있어요"라는 말보다 SNS의 '좋아요' 수와 조회 수를 신뢰한다. 한국 사회는 지금 맛이 이미지로 소비되는 '보이는 맛의 시대'를 살고 있다.

이러한 변화의 중심에는 SNS와 미디어가 있다. 인스타그램, 유튜브, 블로그 등은 개인의 식사 경험을 하나의 콘텐츠로 전환시켰다. 유명 인플루언서의 리뷰 한 줄, 방송 프로그램 속 짧은 장면 하나가 가게의 매출과 인지도를 좌우한다. 음식은 더 이상 개인의 취향에 머물지 않고, 공유되고 확산되는 문화적 기호가 되었다.

맛집 열풍은 지역 경제에도 새로운 활력을 불어넣고 있다. 전주의 비빔밥 거리, 부산의 밀면 골목, 순천의 꼬막 축제, 제주의 흑돼지처럼 음식은 지역을 대표하는 브랜드로 성장했다. '푸드 투어리즘'이라는 말처럼, 사람들은 음식을 따라 이동하며 지역을 경험한다. 지자체와 소상공인은 먹거리 축제와 로컬 브랜딩을 통해 도시 이미지를 만들고, 음식은 지역을 살리는 자원이 되고 있다.

그러나 모든 현상에는 그림자도 존재한다. 과도한 인증 문화는 과시적 소비와 허위 리뷰를 낳았고 줄 서기 대행 서비스나 리뷰 알바 같은 왜곡된 소비 행태도 등장했다. 진짜 맛보다 사진이 중요한 기준이 되면서, 음식의 본래 의미가 흐려지고 있다는 우려도 나온다. 한 사회심리학자는 "음식이 소통의 매개에서 자기 과시의 무대로 바뀌고 있다"고 지적한다.

전문가들은 맛집 문화를 한국 사회의 변화된 가치관을 보여 주는 문화 코드로 해석한다. '소유'보다 '경험'을 '개인'보다 '공유'를 중시하는 흐름이 음식에 담겨 있다는 것이다. 맛집은 단순한 식당을 넘어 사람과 사람을 잇는 공간이며 경쟁이 아닌 공감을 만들어 갈 가능성도 품고 있다. 결국 맛집 열풍은 유행이 아니라 오늘의 한국 사회를 비추는 하나의 문화적 거울이다.

1. 다음 중 2024년 한국 프로야구의 특징으로 가장 알맞은 것은 무엇입니까?

① 관중 수가 크게 감소했다.　　　② 일부 지역에서만 인기를 얻었다.

③ 해외 리그보다 인기가 낮아졌다.　　　④ 전반기에 관중 수 600만 명을 돌파했다.

2. 글에서 말하는 MZ세대 야구 팬 증가의 주요 이유로 알맞은 것은 무엇입니까?

① 경기 시간이 짧아졌기 때문이다.　　　② 스포츠 교육이 강화되었기 때문이다.

③ 야구 규칙이 더 어려워졌기 때문이다.　　　④ 미디어가 야구 접근성을 높였기 때문이다.

3. 한국 야구의 응원 문화가 외국인 관광객에게 매력적인 이유는 무엇입니까?

4. 한국 야구 문화의 변화 중 하나를 골라 그 변화가 왜 MZ세대에게 매력적으로 느껴지는지 설명해 보십시오.

1. 각 문단에서 중요한 키워드를 2-3개를 찾아 쓰십시오.

문단	핵심 키워드
1문단 – 현상 제시	흥행 기록 / 한국 야구 인기
2문단 – 원인 분석	MZ세대 팬
3문단 – 구체적 사례	
5문단 – 영향 및 전망	

2. 다음 빈 칸에 들어갈 알맞은 내용을 쓰십시오.

1문단:

2024년 한국 프로야구가 _____________을/를 기록하였으며 특히 _____________의 적극적인 참여로 대중문화로 변화하고 있음을 설명한다.

2문단:

예능 프로그램과 _____________ 콘텐츠를 통해 야구의 _____________이/가 낮아졌고 구단들이 미디어를 활용해 팬들과의 _____________을/를 강화하고 있음을 말한다.

3문단:

야구장이 단순한 경기 관람 공간을 넘어 _____________, _____________, _____________ 등을 함께 즐기는 문화 공간으로 변화했음을 설명한다.

4문단:

이러한 변화가 야구 _____________의 성장으로 이어지고 있으며, 굿즈 소비와 외국인 관심을 통해 한국 야구가 _____________산업으로 확장되고 있음을 강조한다.

3. 다음 표현을 사용하여 위의 내용을 5-6 문장으로 자신의 말로 요약해 보십시오.

나의 말로 요약하기 – [사용 권장 표현: 먼저 / 그러나 / 또한 / 이에 따라 / 결국]

 K-뉴스 읽기 · 외국인을 위한 시사 한국어

적용하기 — 야구 문화 밈(Meme) 만들기

※야구 문화와 관련된 상황을 떠올리고, 그 장면을 짧은 문장이나 말풍선 표현으로 재미있게 나타내 보세요. 글보다 이미지와 간단한 표현을 활용해 야구 문화를 전달해 봅시다.

1 단계 : 상황 선택하기

- 아래 상황 중 하나를 선택하세요. (또는 팀에서 하나를 정해도 됩니다.)

① 야구장에 처음 간 외국인   ② 야구를 잘 모르는 사람(야알못)의 첫 직관

③ 야구장에 먹으러 간 사람   ④ 응원 문화에 깜짝 놀란 관중

⑤ (선택) 내가 직접 정한 상황

상황 설명: ____

2 단계 : 밈 문장 만들기(말풍선 1문장)

- 위 상황에 어울리는 짧은 문장 1개를 써 보세요.
- 실제 SNS에 올린다고 생각하고, 자연스럽고 재미있게 써도 됩니다.

- 말풍선 문장: ____

____

____

◈ 참고 표현

"~인 줄 알았어요." "생각보다 ~네요."

"~하러 왔습니다." "이게 바로 ~인가요?"

3 단계 : 공유하기

- 아래 중 **하나만 선택**해서 활동하세요.

☐ 내 문장을 칠판/게시판에 붙이기

☐ 가장 공감 가는 밈 하나 고르기

※ 앞에서 만든 '야구 문화 밈'을 활용하여 뉴스 앵커가 되어 뉴스를 전달해 보십시오.

① 도입

안녕하십니까. 오늘 문화 뉴스에서는 최근 한국 야구장에서 나타나고 있는 새로운 변화에 대해 전해 드리겠습니다. 지금부터, SNS에서 화제가 되고 있는 '야구 문화 밈'을 통해 이 현상을 자세히 살펴보겠습니다.

② 현상 설명 (밈 선택 · 뉴스 주제로 연결)

SNS에서는 'ㅇㅇㅇ'라는 밈이 화제가 되고 있습니다. 이 밈은 ----------------------------

----

③ 의미 해석

----

④ 마무리

----

⑤ 방송 마무리 인사

지금까지 SNS와 밈을 통해 확산되고 있는 한국 야구 문화의 변화에 대해 살펴봤습니다. 앞으로 한국 야구 문화가 어떤 새로운 모습으로 확장될지 기대해 보며, 문화 뉴스는 여기까지 전해 드립니다. 시청해 주셔서 감사합니다.

용어	의미
원정 응원	다른 지역 경기장까지 이동해 응원하는 팬 문화
떼창	관중이 함께 노래를 부르며 응원하는 집단 문화
스포츠 입문 장벽	규칙·용어 때문에 처음 접하기 어려운 요소
응원 아이콘	특정 팀이나 문화를 상징하는 인물·구호·동작
홈팬 결집력	연고지 팬들이 모여 만드는 결속력
IP 비즈니스	팀·선수·캐릭터를 활용한 사업 모델
콜라보 마케팅	브랜드·캐릭터 간 협업을 통한 상품·콘텐츠 제작
취향 공동체	같은 취향을 중심으로 형성된 느슨한 집단
숏폼 중심 소비	짧은 영상 위주의 콘텐츠 소비 경향
실시간 소통 콘텐츠	라이브 방송·채팅 기반 콘텐츠

음악과 함께 즐기는 미술관

1. 위 뉴스에서 사람들은 어떤 방식으로 미술 작품을 감상하고 있나요?

2. 여러분은 평소에 미술관이나 전시회에 자주 가나요? 그때 어떤 느낌을 받았나요?

1. 예술 향유·변화 관련 어휘

전시   향유
관광객   현대미술
트렌드 / 방식

2. 감각·체험 관련 어휘

오감   체험
선율   인상
생동감

3. 감정·관계 연결 어휘

정서   접점
교감   안내자
경험

4. 가치·의미 표현 어휘

이끌다   인식되다
확장되다   제시하다
마주하다

어휘   확인하기 1

※ (   )에 들어갈 알맞은 것을 [보기]에서 골라 쓰십시오.

[보기] 인식되다 / 체험하다 / 이끌다 / 제시하다

1. 미술관은 오랫동안 조용히 감상만 하는 공간으로 (   )아/어 왔다.

2. 최근에는 시각, 청각 등 오감을 활용해서 예술을 (   )은/는 장소가 늘고 있다.

3. 전시장 안의 음악은 관람객의 감각을 자연스럽게 (   )아/어 주는 역할을 한다.

4. 이러한 변화는 현대 사회에서 시민들이 문화를 향유하는 새로운 방향을 (   ).

※ (　　　)에 들어갈 가장 알맞은 말을 고르십시오.

1. 전시장의 음악은 작품을 설명하지 않으면서도 관람객의 시각과 청각, 몸의 느낌 같은 (　　　)을/를 자연스럽게 이끈다.

   ① 정보　　　　② 감각　　　　③ 지식　　　　④ 이해

2. 음악의 분위기를 통해 작품이 가진 (　　　)와/과 흐름을 느낄 수 있다.

   ① 형식　　　　② 정서　　　　③ 기법　　　　④ 장르

3. 미술관은 이제 단순한 감상을 넘어 오감을 활용하는 체험 공간으로 의미가 (　　　) 있다.

   ① 이끌리고　　　② 마주하고　　　③ 확장되고　　　④ 제시되고

4. 작품의 분위기와 어우러지는 배경 음악은 관람객에게 작품에 대한 전체적인 첫 느낌을 남기는 (　　　)으로 작용한다.

   ① 방식　　　　② 기능　　　　③ 인상　　　　④ 기법

문법 ① -(으)며

: 두 가지 이상의 사실을 대등하게 나열하거나 두 가지 동작이 동시에 일어남을 나타
낼 때 사용한다.

- 그는 음악을 **들으며** 미술 작품을 감상했다.
- 사람들은 전시를 **보며** 새로운 문화를 향유한다.

※ '**-(으)며**' 표현을 사용하여 다음 질문에 알맞은 대답을 완성하십시오.

1. 최근 미술관은 과거와 비교하여 어떻게 바뀌어 가고 있습니까?

   (조용히 감상하는 공간에서 벗어나다 / 오감을 활용해 예술을 체험하는 장소가 되다)

   ---

2. 전시장에 흐르는 음악은 어떤 역할을 합니까?

   (작품과 관객 사이의 거리를 좁히다 / 관람객의 감각을 자연스럽게 이끌다)

문법 ② -(느)냐에 따라

: 조건이나 기준이 달라질 때 결과가 달라짐을 나타내는 표현이다.

- 어떤 음악을 선택하**느냐에 따라** 전시의 분위기가 달라진다.
- 관람객이 누구**냐에 따라** 미술관의 감상 방식도 달라질 수 있다.

※ '**-(느)냐에 따라**' 표현을 사용하여 다음 질문에 알맞은 대답을 완성하십시오.

1. 미술 작품을 감상할 때 배경 음악이 왜 중요합니까?

   (어떤 음악과 함께하다 / 작품이 주는 인상이 달라지다)

   ---

2. 최근 미술관이 시각뿐만 아니라 청각과 같은 오감을 강조하는 이유는 무엇입니까? (예술을
   어떻게 체험하다 / 느껴지는 감정과 정서가 확장되다)

[문화칼럼] 그림을 듣는 미술관, 음악으로 열리는 새로운 감상

미술관은 오랫동안 '조용하게 감상하는 공간'으로 생각되어 왔다. 그러나 최근에는 음악과 함께 미술을 즐기는 새로운 방식의 전시가 늘어나며 미술관의 모습도 달라지고 있다. 전시장에 흐르는 음악은 작품을 설명하지 않으면서도 관람객의 감각을 자연스럽게 이끈다. 잔잔한 피아노 선율은 풍경화의 색감을 부드럽게 받아들이게 하고 리듬감 있는 음악은 현대미술 작품에 생동감을 더한다. 음악은 작품과 관람객 사이의 거리를 좁혀 주는 역할을 한다.

특히 미술에 익숙하지 않은 사람들에게 음악은 중요한 안내자가 된다. 설명문을 읽지 않아도 음악의 분위기를 통해 작품이 가진 정서와 흐름을 느낄 수 있기 때문이다. 같은 그림이라도 어떤 음악과 함께하느냐에 따라 전혀 다른 인상을 남긴다는 점도 흥미롭다. 음악은 관람객 각자의 기억과 감정을 불러내어 미술 감상을 개인적인 경험으로 확장시킨다.

이처럼 음악과 미술이 함께하는 미술관은 단순히 작품을 전시하는 공간을 넘어 오감을 활용해 예술을 체험하는 장소가 된다. 우리는 그림을 보며 소리를 듣고, 그 안에서 자신의 감정과 생각을 자연스럽게 마주한다. 음악과 함께 즐기는 미술관은 예술을 어렵게 느끼는 사람들에게도 편안한 문을 열어 주며 현대 사회에서 문화 향유의 새로운 방향을 제시하고 있다.

또한 이러한 전시는 관람객의 참여 방식을 변화시키고 있다. 과거에는 작품 앞에 서서 조용히 바라보는 것이 일반적인 모습이었다면 이제는 음악을 들으며 공간을 천천히 걷고, 작품 앞에 오래 머물며 자신의 느낌을 생각해 보는 시간이 늘어나고 있다. 어떤 사람들은 마음에 드는 음악과 그림을 사진으로 남기거나 전시를 본 뒤 자신의 감상을 다른 사람들과 나누기도 한다. 이처럼 음악과 함께하는 미술관은 관람객을 단순한 '구경하는 사람'이 아니라 예술을 스스로 느끼고 경험하는 주체로 바꾸고 있으며, 앞으로도 미술관이 사람들과 만나는 방식에 계속해서 새로운 변화를 가져올 것이다.

1. 이 글의 내용으로 알맞은 것은 무엇입니까?

① 음악은 미술 감상에 방해가 된다고 인식된다.
② 음악은 미술 작품의 의미를 정확하게 설명해 준다.
③ 미술관은 여전히 조용해야 하는 공간으로 유지되고 있다.
④ 음악과 함께하는 전시는 관람객의 감각을 자연스럽게 이끈다.

2. 글에서 말하는 음악의 역할로 가장 적절한 것은 무엇입니까?

① 작품 해설을 대신하는 기능
② 전시 공간의 크기를 넓혀 주는 기능
③ 관람객의 이동 속도를 빠르게 하는 기능
④ 작품과 관람객 사이의 거리를 좁혀 주는 기능

3. 음악이 있는 미술관은 사람들이 문화를 즐기는 방법을 어떻게 바꾸고 있습니까?

4. 음악이 미술 감상에서 '안내자' 역할을 한다는 말은 구체적으로 무엇을 의미하나요?

1. 각 문단에서 중요한 키워드를 2-3개를 찾아 쓰십시오.

문단	핵심 키워드
1문단 – 현상제시	미술관의 변화, 음악과 미술, 감각
2문단 – 사례제시	안내자,
3문단 – 의미해석	오감 체험,
4문단 – 결론 및 전망	

2. 다음 빈 칸에 들어갈 알맞은 내용을 쓰십시오.

1문단:

미술관이 조용히 작품만 감상하는 공간에서, 음악과 함께 (   ) 전시 공간으로 변화하고 있음을 설명한다.

2문단:

이 변화는 음악을 통해 작품과 관람객 사이의 거리를 좁히며, 미술 감상을 (   ) 으로 확장시킨다고 말한다.

3문단:

결국 글은 음악과 미술이 결합된 미술관이 단순한 전시 공간을 넘어, (   ) 문화 향유 공간이 되었음을 강조한다.

4문단:

또한 관람객의 참여 방식을 바꾸어, 예술을 (   ) 감상하는 사람이 아니라 (   ) 느끼고 경험하는 주체로 변화시키고 있다고 말한다.

3. 다음 표현을 사용하여 위의 내용을 5-6 문장으로 자신의 말로 요약해 보십시오.

나의 말로 요약하기 – [사용 권장 표현: 과거에는/ 그러나/ 특히/ 이처럼/ 결국 /또한]

적용하기 — 나만의 예술 체험 프로그램 기획하기

※같은 음식을 함께 먹고 난 후에 각자의 관점에서 짧은 리뷰를 작성하고 공유해 봅시다.

1 단계 : 상황 분석하기

1. 평소 미술관을 이용할 때 느꼈던 아쉬움이나 어려움은 무엇인가요? 아래에서 가장 공감되는 것 2개를 고르고 이유를 써 보세요.

□ 정적인 분위기가 부담스러움 □ 작품 설명이 너무 어려움 □ 혼자 가기 어색함

□ 감상이 지루하게 느껴짐   □ 정서적 교감이 부족함   □ 기타: (   )

이유: ____

2. 프로그램 운영에 활용할 수 있는 우리 주변의 자원은 무엇인가요? 해당되는 것에 ✓ 하세요.

□ 동네 미술관/갤러리 □ 복합문화공간 □ 공원/야외광장 □ 북카페

□ 대학 동아리실   □ 온라인 스트리밍 플랫폼   □ 기타: (   )

3. 이 중 어떤 자원을 활용하고 싶나요?

____

2 단계 : 구상하기

1. 프로그램 기본 정보

• 프로그램 이름 (예) 클래식과 만나는 풍경화 / 비트가 있는 현대미술

____

2. 대상 (하나 선택 또는 추가):

□ 미술이 어려운 입문자 □ 힐링이 필요한 직장인 □ 예술 전공 학생 □ 기타: (   )

3. 프로그램 활동 내용 - 이 프로그램에서 진행할 활동을 3가지 이상 써 보세요.

(예: 음악을 들으며 그림 그리기 / 도슨트 대신 음악 감상하기 / 서로 느낀 점 나누기)

____

3 단계 : 예상하기

1. 이 프로그램을 통해 관람객들에게 어떤 변화가 생길까요?

____

※ 전시를 기획한 큐레이터가 되어 방송에서 이번 전시의 특징을 소개해 보십시오.

① 도입 멘트

(전시 소개) 안녕하세요. 이번 〈음악과 함께 즐기는 미술관〉 전시를 기획한 큐레이터입니다. 오늘은 시각적 감상을 넘어 청각으로 예술을 만나는 새로운 전시 현장을 소개해 드리겠습니다.

② 핵심 내용 요약 (기획 의도)

---

③ 연출 방식 및 특징

---

④ 의미 또는 전망 (마무리)

---

⑤ 방송 마무리 인사

지금까지 음악과 미술의 만남, 그 특별한 전시 현장에서 전해 드렸습니다. 함께해 주셔서 감사합니다.

용어	의미
몰입형 전시	관람객이 공간 속에 들어간 것처럼 느끼며 보고, 듣고, 움직이며 체험하는 전시
인터랙티브 전시(Interactive)	관람객이 작품을 만지거나 움직이며 직접 참여하는 전시
팝업(Pop-up) 전시	짧은 기간 동안 특정 장소에서 열리는 임시 전시
감각 경제	시각·청각·공간감 같은 '감각 경험'이 가치가 되는 문화 흐름
슬로우 뮤지엄(Slow Museum)	빠르게 보는 전시가 아니라, 오래 머물며 느끼는 전시 방식
미디어 아트(Media Art)	영상, 소리, 디지털 기술을 활용한 예술
복합문화공간	전시, 음악, 카페, 체험이 함께 있는 공간
공공예술	미술관이 아니라 거리·학교·지역에 존재하는 예술
문화 기획자 시대	예술가 못지않게 '기획·연결·설계'가 중요해진 흐름
N잡 예술가	창작·교육·기획·SNS를 병행하는 예술가

마음 건강과 행복한 삶

우리일보

현대 사회, 마음 건강을 돌보다

현대 사회에서 건강은 더 이상 몸의 상태만을 커버어저 있다. 매로 맵최아 청청 적에서 살아가는 사합튼히게 마음 건감은 선제 건강만을 길요한 요스가 되있다.

스토제스어 발안 우울감은 누구나 함 한틀 강양혀는 감징어사면, 이를 재제로 줌보거 잃는에 밖의 벌적로와 인건관계에견이 영창을 마칠 수 있다. 그럭서 회손에느' 마음 잃앙어 개인의 문에가 이나롸 식혁 절제가 방제 고만에어 할 챠제로 안시저고 있다.

마른 건강을 거가는 방베은, 통벌만 건에시 식저적걱 안는다. 을만인 쥬지. 쥬제각인 상캄. 그디그 자신의 건엉을 인식악고 쾨한엑민 안숭이 기간의 갇다 두어 다른 사맡각 자신희 고란은 나누는 강정을 막강을 양적학고 심닥희제

---

1. 위 신문기사의 그림 속 사람들은 자신의 마음 건강을 위해 무엇을 하고 있나요?

2. 여러분은 일상 속에서 스트레스를 받거나 마음이 힘들 때 무엇을 하나요?

1. 사회 변화 및 현상 관련 어휘

경쟁	과제
요소	인식되다
현대 사회	삶의 만족도

2. 감정 및 심리 상태 관련 어휘

불안	우울감
스트레스	심리적 부담
마음의 균형	긍정적 감정

3. 관계 및 소통 관련 어휘

교감	나누다
인간관계	공유하다
표현하다	인정하다

4. 실천 및 가치 표현 어휘

습관	돌보다
안정적	회복하다
비롯되다	관리하다

어휘	확인하기 1

※ (   )에 들어갈 알맞은 것을 [보기]에서 골라 쓰십시오.

[보기] 비롯되다 / 공유하다 / 불안하다 / 인식되다

1. 최근에는 마음 건강이 개인의 문제가 아니라 사회 전체가 해결해야 할 과제로 (   ).

2. 행복한 삶은 힘든 감정을 인정하고 자신을 돌보려는 태도에서 (   ).

3. 마음이 (   ) 일상생활에 집중하기 어려워진다.

4. 다른 사람과 자신의 고민을 (   ) 심리적 부담을 줄이는 데 큰 도움이 된다.

어휘	확인하기 2

※ (   )에 들어갈 가장 알맞은 말을 고르십시오.

1. 현대인들은 남들보다 앞서기 위해 치열한 (   )을/를 하며 살아가고 있다.

　　① 갈등　　　　　② 비교　　　　　③ 경쟁　　　　　④ 협력

2. 자신의 감정을 솔직하게 (   ) 연습은 심리적 부담을 줄이는 데 큰 도움이 된다.

　　① 표현하는　　　② 회복하는　　　③ 관리하는　　　④ 인정하는

3. 마음이 답답하고 활기가 없는 (   )이/가 계속되면 주변에 도움을 요청해야 한다.

　　① 긴장감　　　　② 우울감　　　　③ 만족감　　　　④ 기대감

4. 규칙적인 운동과 충분한 휴식은 마음의 (   )을/를 회복하는 데 도움이 된다.

　　① 자극　　　　　② 긴장　　　　　③ 속도　　　　　④ 균형

문법 ① - 는 데

: 어떤 목적이나 용도, 또는 어떤 일을 하는 데 필요한 상황이나 조건을 나타낸다.

- 충분한 휴식은 마음 건강을 **지키는 데** 중요하다.
- 대화를 통해 자신의 감정을 **표현하는 데** 도움이 된다.

※ '-는 데' 표현을 사용하여 다음 질문에 알맞은 대답을 완성하십시오.

1. 마음 건강을 위해 자신의 고민을 다른 사람과 나누는 것이 왜 중요합니까?

(심리적 부담을 줄이다/ 고민을 나누다)

----

2. 평소에 가벼운 운동이나 취미 활동을 하는 것은 어떤 점에서 좋습니까?

(마음의 균형을 회복하다/ 취미 활동을 하다)

문법 ② - 에서 비롯되다

: 어떤 결과나 현상이 특정 원인이나 출처에서 시작되었음을 나타낸다.

- 많은 사람들의 스트레스는 과도한 경쟁**에서 비롯된다**.
- 행복한 삶은 마음의 안정**에서 비롯된다**.

※ '-에서 비롯되다' 표현을 사용하여 다음 질문에 알맞은 대답을 완성하십시오.

1. 우리가 느끼는 진정한 행복은 어디에서 시작된다고 생각합니까?(자신을 돌보려는 태도)

----

2. 현대인들이 겪는 마음의 병은 보통 무엇 때문에 생겨납니까?

(치열한 경쟁과 빠른 사회 변화)

[사설 섹션] 경쟁 사회 속, 우리가 놓치고 있는 마음

현대 사회에서 건강은 더 이상 몸의 상태만을 의미하지 않는다. 빠른 변화와 경쟁 속에서 살아가는 사람들에게 마음 건강은 신체 건강만큼 중요한 요소가 되었다. 스트레스와 불안, 우울감은 누구나 한 번쯤 경험하는 감정이지만 이를 제대로 돌보지 않으면 삶의 만족도와 인간관계에까지 영향을 미칠 수 있다. 그래서 최근에는 '마음 건강'이 개인의 문제가 아니라 사회 전체가 함께 고민해야 할 과제로 인식되고 있다.

마음 건강을 지키는 방법은 특별한 것에서 시작되지 않는다. 충분한 휴식, 규칙적인 생활, 그리고 자신의 감정을 인식하고 표현하는 연습이 기본이 된다. 특히 다른 사람과 자신의 고민을 나누는 경험은 감정을 정리하고 심리적 부담을 줄이는 데 큰 도움이 된다. 또한 취미 활동이나 가벼운 운동, 자연 속에서 보내는 시간은 마음의 균형을 회복하는 데 긍정적인 역할을 한다.

행복한 삶은 항상 긍정적인 감정만을 느끼는 상태가 아니다. 때로는 불안하거나 힘든 감정을 인정하고 그 속에서도 자신을 돌보려는 태도에서 비롯된다. 마음 건강을 꾸준히 관리하는 것은 일상의 작은 선택에서 시작되며 이러한 노력이 쌓일 때 우리는 보다 안정적이고 만족스러운 삶에 가까워질 수 있다. 마음을 돌보는 일은 결국 더 나은 삶을 위한 가장 중요한 건강 습관이다.

이처럼 마음 건강은 특별한 상황에서만 필요한 것이 아니라, 우리가 매일의 삶 속에서 꾸준히 돌아보고 지켜 가야 할 중요한 부분이다. 바쁜 일상 속에서도 자신의 상태를 살피고, 쉬어야 할 때 쉬며 필요할 때 도움을 구하는 태도는 마음을 건강하게 유지하는 데 큰 힘이 된다. 결국 마음을 돌보는 일은 오늘의 삶을 조금 더 편안하게 만들고 내일의 삶을 더 안정적으로 준비하는 과정이라고 할 수 있다. 작은 실천이 이어질 때 마음 건강은 자연스럽게 우리의 일상이 된다.

1. 이 글의 중심 내용으로 가장 알맞은 것은 무엇입니까?

① 마음 건강은 개인의 노력만으로 해결해야 하는 문제이다.
② 신체 건강보다 마음 건강이 더 중요하다고 주장하고 있다.
③ 마음 건강은 현대 사회에서 중요한 건강 요소로 인식되고 있다.
④ 스트레스와 불안은 피할 수 없는 감정이므로 관리할 필요가 없다.

2. 글에서 마음 건강을 지키는 방법으로 언급되지 않은 것은 무엇입니까?

① 충분한 휴식　　　　　　② 규칙적인 생활
③ 다른 사람과 고민 나누기　　④ 전문 치료만을 통한 해결

3. 이 글에서 말하는 '행복한 삶'의 의미는 무엇일까요?

4. 일상생활에서 마음 건강을 지키기 위해 실천할 수 있는 방법은 어떤 것이 있을까요?

1. 각 문단에서 중요한 키워드를 2-3개를 찾아 쓰십시오.

문단	핵심 키워드
1문단 – 문제 제기	마음 건강, 현대 사회,
2문단 –해결 방안 제시	감정 표현, 마음의 균형,
3문단 – 관점 심화	행복
4문단 – 결론 및 강조	

2. 다음 빈 칸에 들어갈 알맞은 내용을 쓰십시오.

1문단:
현대 사회에서 마음 건강이 ________________________________ 임을 알려주고 있다.

2문단:
　일상 속의 작은 습관과 소통을 통해 ________________________ 을/를 소개하고 있다.

3문단:
　진정한 행복은 ________________________________ 라는 점을 강조한다.

4문단:
　마지막으로 ____________ 이/가 쌓일 때 건강한 삶에 가까워진다는 점을 강조한다.

3. 다음 표현을 사용하여 위의 내용을 4~5문장으로 요약해 보십시오.

나의 말로 요약하기 – [사용 권장 표현: 그러나/ 따라서/ 특히/ 결국]

내가 만드는 '마음 건강 처방전'

※마음 건강 치료사가 되어 일상에 지친 사람을 돕는 활동을 해 봅시다.

1 단계 : 내담자(도움이 필요한 사람)의 상황 이해하기

다음 내담자의 고민을 읽고, 이 사람의 현재 상태를 나타내는 단어를 [보기] 에서 골라 체크해 보세요.

> 내담자 이야기: "저는 요즘 회사 일과 복잡한 인간관계 때문에 스트레스를 많이 받아요. 밤에 잠을 잘 자지 못하고, 아침에 일어나도 늘 피곤함을 느껴요. 아무것도 하기 싫고 마음이 답답합니다."

[보기]
□ 스트레스가 심함   □ 불안함   □ 우울감   □ 심리적 부담   □ 불면증(잠이 안 옴)

2 원인 분석과 필요 요소 찾기

내담자에게 가장 필요한 것은 무엇인가요? 중요하다고 생각하는 것에 V 하세요. (여러 개 선택 가능)

□ 충분한 휴식: 몸과 마음을 편하게 쉬게 하는 시간
□ 감정 표현: 자신의 힘든 마음을 누군가에게 말하는 것
□ 규칙적인 생활: 정해진 시간에 자고 일어나는 습관
□ 외부 활동: 가벼운 운동이나 자연 속에서 보내는 시간

3 단계: 맞춤형 해결 방법 제안하기

내담자의 상황에 맞는 구체적인 활동을 2가지 제안해 보세요.

활동 1: (예: 퇴근 후 스마트폰을 끄고 조용한 음악 들으며 명상하기)

활동 2: (예: 주말에 근처 공원을 30분 동안 산책하며 자연 느끼기)

위에서 정리한 내용을 바탕으로 내담자에게 따뜻한 조언을 해 보세요.

치료사의 조언: "지친 당신에게 지금 가장 필요한 것은 (   )
입니다. 마음 건강을 위해 오늘부터 (   )을/를 해 보는 것이 좋
겠습니다. 작은 선택이 당신의 삶을 더 안정적이고 만족스럽게 만들어 줄 것입니다."

■ 활동 정리 및 나눔

짝 활동 : 옆 친구와 처방전을 서로 읽어 줍니다.

평가 : 어떤 조언이 가장 따라 하기 쉽고 도움이 될 것 같은지 이야기해 봅시다.

※여러분은 라디오 방송의 '마음 건강 상담소' 코너를 맡은 진행자입니다. 청취자들에게 마음 건강을 돌보는 법을 따뜻하게 소개해 보십시오.

① 도입 멘트(방송 시작)

"안녕하세요. 〈오늘의 마음 날씨〉 진행자 ○○○입니다. 바쁜 일상 속에서 앞만 보고 달려오느라 정작 자신의 마음은 돌보지 못한 분들이 많으시죠? 오늘은 몸의 건강만큼 중요한 '마음의 건강'을 어떻게 지킬 수 있을지 함께 이야기 나누어 보려고 합니다."

② 핵심 내용 요약 (마음 건강의 중요성)

(현대 사회의 특징과 마음 건강이 사회적 과제가 된 이유를 본문 내용을 바탕으로 정리해 보세요.)

③ 구체적인 실천 방법 제안 (마음 돌봄 가이드)

(일상에서 실천할 수 있는 방법들을 본문에서 찾아 소개하고, 청취자들에게 추천해 보세요.)

④ 마무리 메시지 (행복에 대한 정의와 전망)

(우리가 어떤 태도를 가질 때 더 안정적이고 만족스러운 삶을 살 수 있는지 마무리 멘트를 작성해 보세요.)

⑤ 방송 마무리 인사

"지금까지 여러분의 마음 건강을 응원하는 〈오늘의 마음 날씨〉였습니다. 오늘 하루는 나 자신에게 '수고했어'라고 말하며 따뜻한 휴식을 선물해 보시는 건 어떨까요? 함께해 주신 여러분, 감사합니다."

용어	의미
정신건강 낙인	정신건강 문제를 부끄럽게 여기거나 피하는 사회적 시선
국가 정신건강 대책	정부가 만드는 상담, 치료, 예방을 위한 제도와 지원
사회적 고립	사람들과의 관계가 적고 혼자 지내는 상태
고립·은둔 청년	학교, 직장, 사회생활에서 오랫동안 떨어져 지내는 청년
트라우마	사고, 재난, 폭력 등으로 생긴 마음의 큰 상처
PTSD(외상 후 스트레스 장애)	큰 충격 이후에 계속 불안·공포를 느끼는 상태
감정 노동	직장에서 자신의 감정을 숨기고 항상 웃거나 참아야 하는 일
번아웃	오래 쉬지 못해 생기는 심한 피로, 의욕 상실 상태
사회적 지지	가족, 친구, 공동체가 주는 정서적 도움과 지지
마음 돌봄	스스로 자신의 상태를 살피고 쉬고, 말하고, 조절하는 활동

K-헬스, 한국형 건강 산업의 발전

우리일보

K-헬스, 한국형 건강 산업의 발전

원격의료-AI 맞춤 건강관리, 미래 핵심 영역

1. 여러분은 평소에 건강을 지키기 위해 스마트폰 앱이나 기기를 활용하고 있나요?

2. 한국 사회에서 건강을 관리하는 방식은 어떻게 변하고 있나요?

1. 산업 및 인프라 관련 어휘

의료 인프라　　바이오 산업
웰니스 문화　　성장 동력
의료 관광　　　국제 표준

2. 핵심 기술 및 서비스 관련 어휘

디지털 헬스케어　　원격의료
AI 기반 진단　　　임상 데이터
맞춤형 서비스　　　예측 시스템

3. 협력 주체 및 역할 어휘

규제 합리화　　기술 상용화
인력 양성　　　산학연 협력
실증　　　　　사업화

4. 발전 방향 및 가치

삶의 질 향상　　의료 접근성
선순환 구조　　지속가능한발전
전략적 위상　　공공적 가치

어휘　확인하기 1

※ (　　　　)에 들어갈 알맞은 것을 [보기]에서 골라 쓰십시오.

[보기] 의료 인프라 / 선순환 구조 / 맞춤형 서비스 / 규제 합리화

1. 한국은 ICT 기술과 우수한 (　　　　　)을/를 바탕으로 K-헬스 산업을 키우고 있다.
2. 정부는 기업들이 새로운 기술을 더 쉽게 개발할 수 있도록 (　　　)을/를 추진하고 있다.
3. AI 기술을 활용하면 개인의 유전 정보와 생활 습관에 딱 맞는 (　　　) 제공이 가능해진다.
4. 연구 성과가 실제 사업으로 이어지고 그 수익이 다시 연구에 투자되는 (　　　)을/를 구축해야 한다.

어휘　확인하기 2

※ 다음 어휘를 알맞은 설명과 연결하십시오.

1. 개인 상태에 맞춰 제공되는 서비스　•　•디지털 헬스케어

2. 디지털 기술로 건강을 관리하는 의료　•　•원격의료

3. 멀리 있어도 화면으로 진료하는 의료　•　•임상 데이터

4. 환자의 검사 결과와 치료 기록 자료　•　•맞춤형 서비스

문법 ① – 기 위해서

: 어떤 일에 대한 목적이나 의도를 나타낼 때 사용한다.

- 이러한 기술들은 고령자와 만성질환자의 의료 공백을 줄이**기 위해서** 적극적으로 활용 될 필요가 있다.”
- 정부는 의료 서비스의 질을 높이**기 위해서** 디지털 헬스케어 기술 도입을 확대하고 있다.

※ **'-기 위해서'** 표현을 사용하여 다음 질문에 알맞은 대답을 완성하십시오.

1. K-헬스가 글로벌 시장에서 경쟁력을 갖추려면 무엇을 해야 합니까?

   (해외 진출을 적극 지원하다 / 국제 표준에 맞는 제도를 정비하다)

   ----

2. 개인 맞춤형 건강관리 서비스가 필요한 이유는 무엇입니까?

   (국민의 삶의 질을 높이다 / 개인의 건강 데이터를 분석하다)

문법 ② –을/를 바탕으로

: 어떤 일의 근거, 기초, 토대를 나타낼 때 사용. 앞의 명사가 뒤에 오는 행동이나 상태의 중심 재료가 됨을 의미함.

- 한국은 우수한 ICT 기술**을 바탕으로** 디지털 헬스케어 산업을 발전시키고 있다.
- 자신이 축적해 온 전문성과 성과**를 바탕으로** 상호 협력 체계를 강화해야 한다.

※ **' -(으)ㄹ 바탕으로'** 표현을 사용하여 문장을 완성하십시오.

1. _______________ 정확한 진단 시스템을 구축할 수 있었다.

   (정확한 통계 데이터)

2. _______________ 인공지능이 질병을 예측하는 시대가 되었다.

   (과학 기술의 발전)

[산업 리포트] K-헬스 산업, 성장 가능성과 과제

K-헬스(K-Health)는 의료 기술, 디지털 헬스케어, 바이오 산업, 웰니스 문화가 결합된 한국형 건강 산업 모델로 고령화와 만성질환 증가라는 글로벌 보건 환경 변화 속에서 새로운 성장 동력으로 주목받고 있다. 한국은 우수한 의료 인프라와 ICT 기술, 축적된 임상 데이터, 그리고 높은 의료 신뢰도를 기반으로 디지털 헬스케어와 바이오·의료 관광 분야에서 경쟁력을 확보하고 있다. 특히 원격의료, AI 기반 진단 및 예측 시스템, 개인 맞춤형 건강관리 서비스는 향후 K-헬스 산업의 핵심 영역으로 자리매김할 전망이다. 이러한 기술들은 고령자와 만성질환자의 의료 공백을 줄이기 위해서 적극적으로 활용될 필요가 있다.

정부 차원에서는 규제 합리화와 데이터 활용 기반 마련하고 산업계는 기술 상용화와 시장 확산을 담당한다. 또한 대학은 전문 인력 양성과 이론적 기반 연구를 수행하며 연구기관은 첨단 기술 개발과 중장기 연구를 지원하며 의료기관은 임상 현장 검증과 실제 의료 수요를 반영한다. 각 주체는 자신이 축적해 온 전문성과 성과를 바탕으로 상호 협력 체계를 강화해야 한다. 이러한 주체 간 협력을 통해 연구 성과가 실증과 사업화로 이어지는 선순환 구조를 구축할 수 있다. 국제 표준에 부합하는 제도 정비를 통해 해외 진출을 적극 지원할 필요가 있다.

또한 K-헬스는 단순한 산업 육성을 넘어 국민 건강 증진과 삶의 질 향상, 의료 접근성 확대라는 공공적 가치를 동시에 실현해야 한다. 이러한 방향 속에서 K-헬스는 한국형 건강 산업의 지속 가능한 발전 모델로 기능하며 글로벌 보건 시장에서 전략적 위상을 강화할 수 있을 것이다.

마지막으로 K-헬스의 안정적 성장을 위해서는 기술 발전과 함께 사회적 신뢰를 높이는 환경 조성이 병행되어야 한다. 의료 데이터 보호, 서비스 안전성 확보, 디지털 격차 해소와 같은 과제는 산업 경쟁력 못지않게 중요한 요소이다. 이용자 중심의 서비스 설계와 책임 있는 기술 활용이 이루어질 때 K-헬스는 산업 성장과 공공 가치를 함께 실현하는 모델로 자리 잡을 수 있을 것이다.

1. 다음 중 글의 내용과 다른 것은 무엇입니까?

① 한국은 의료 인프라와 ICT 기술이 강점이다.
② 원격의료와 AI 진단 기술이 중요하게 언급된다.
③ K-헬스는 산업 성장보다 이익 창출만을 목표로 한다.
④ 개인 맞춤형 건강관리 서비스가 미래 분야로 제시된다.

2. 글에서 제시한 산·학·연·병 협력의 역할 분담으로 적절하지 <u>않은</u> 것은?

① 산업계 : 기술 상용화 및 시장 확산
② 대학 : 전문 인력 양성 및 이론적 연구
③ 연구기관 : 첨단 기술 개발 및 중장기 연구
④ 정부 : 의료기관 운영과 임상 현장 직접 관리

3. 이 글에서 말하는 '선순환 구조'의 의미로 가장 알맞은 것은 무엇입니까?

4. 외국인에게 도움이 되는 K-헬스 서비스에는 어떤 것이 있을까요?

읽고   정리하기

1. 각 문단에서 중요한 키워드를 2-3개를 찾아 쓰십시오.

문단	핵심 키워드
1문단 - 현상 설명 및 정의	K-헬스, 성장 동력
2문단 - 실행 전략 및 협력 방안	인지도,
3문단 - 공공적 가치와 미래 전망	
4문단 - 지속 가능성을 위한 조건 및 과제	

2. 다음 빈 칸에 들어갈 알맞은 내용을 쓰십시오.

1문단:

K-헬스는 ICT 기술과 의료가 결합된 모델로 고령화 시대에 한국 경제의 새로운 (　　　　　　)으로 주목받고 있다.

2문단:

산업 발전을 위해 정부는 규제 합리화를 추진하고 기업과 대학 등 각 주체는 협력을 통해 연구 성과가 사업화로 이어지는 (　　　　　　)을/를 구축해야 한다.

3문단:

K-헬스는 경제적 이익뿐만 아니라 국민 건강 증진과 (　　　　　　) 확대라는 공공적 가치를 실현해야 한다.

4문단:

K-헬스의 지속 가능한 성장을 위해 (　　　　)과/와 (　　　　) 같은 조건이 필요함을 강조한다.

3. 다음 표현을 사용하여 위의 내용을 5-6 문장으로 자신의 말로 요약해 보십시오.

나의 말로 요약하기 - [사용 권장 표현: 오늘날/ 한편 / 이러한 변화로 인해 /이는]

적용
하기

나만의 K-헬스 서비스 만들기

**※한국에는 병원, 앱, AI 진단, 건강관리 서비스가 많습니다. 만약 여러분이 외국인을
위한 K-헬스 서비스를 만든다면 어떤 서비스를 만들고 싶나요?**

1 단계 : 생각열기

■ 1

1. 여러분이 하고 싶은 서비스가 무엇인지 생각해 봅시다.

• 앱 / AI 시스템 도입 / 외국어 번역 / 편리함 / 접근성 등

2. 어떤 상황에서 필요한가요?

• 병원 예약 / 증상 설명 / 약 복용 / 응급 상황 / 건강 관리

3. 이 서비스의 가장 큰 장점은 무엇인가요?

• 편리함 / 빠름 / 정확함 / 외국어 지원 / 비용 절감 / 접근성

2 단계 : 포스터·서비스 화면 만들기

1. 3~4명씩 소그룹을 만들어 아이디어를 말해 봅시다.

2. A3 종이나 패드에 앱 화면 / 병원 서비스 안내판 / 웹 메인 화면처럼 그려 봅시다.

• 서비스 이름

• 주요 기능 아이콘

• 이용 순서(①②③)

• 외국인 사용 장면

3 단계 : K-헬스 박람회

1. 각 조는 서비스 포스터를 붙이고 학생들은 '사용자' 또는 '투자자'가 투표해 봅시다.

※여러분이 기획한 K-헬스 앱에는 사용자의 목소리를 듣고 답하는 'AI 음성 비서' 기능이 있습니다. 외국인 사용자가 처할 수 있는 상황을 설정하고, AI가 어떻게 응답하면 좋을지 대본을 써 보십시오.

1. AI 음성 비서의 '이름'과 '성격' 정하기

AI 이름: (예: 헬시(Healthy), 케어봇, 마루 등) ___________________________

말투 스타일: [ ] 친절하고 따뜻하게 [ ] 정확하고 신속하게 [ ] 친구처럼 편안하게

2. 상황별 AI 안내 멘트 작성하기 (역할극 대본)

상황 A: 외국인 사용자가 갑자기 몸이 아파서 앱을 켰을 때

사용자: "배가 너무 아파요. 근처에 외국어가 가능한 병원이 어디에 있나요?"

AI 비서: "____"

(힌트: 현재 위치 확인, 진료 가능 언어 안내, 예약 제안 등)

상황 B: 사용자가 자신의 건강 데이터를 보고 불안해할 때

사용자: "어제 잠을 잘 못 잤어. 내 수면 점수가 너무 낮게 나왔는데 괜찮을까?"

AI 비서: "____"

(힌트: 데이터 분석 결과 설명, 휴식 권고, 맞춤형 웰니스 팁 제공 등)

3. [녹음 및 발표] 직접 말해 보기

작성한 멘트를 스마트폰 녹음 기능을 활용해 직접 읽고 녹음해 봅시다.

발표 예시: "저희가 만든 AI 비서 '케어봇'은 병원 예약이 어려운 외국인을 위해 친절한 말투로 안내합니다. 사용자가 아프다고 말하면 근처의 다국어 지원 병원을 바로 찾아줍니다."

용어	의미
의료 마이데이터	개인 의료 정보 모아 활용하는 데이터
Digital PCR	유전자 검사로 질병 신호 찾는 기술
액체생검	혈액으로 암 검사하는 비침습적 방법
MRD	치료 후 남아 있는 아주 작은 병 흔적
국가바이오위원회	대통령 직속으로 바이오 산업 전체 전략을 조정하는 조직
mHealth	스마트폰·웨어러블로 건강 정보와 의료 서비스를 제공하는 모바일 기반 보건 서비스이다
임상 데이터 접근성	연구자·기업이 진료 기록 등 의료 데이터를 이용할 수 있는 정도
디지털 치료제(DTx)	약 대신 앱·프로그램으로 치료하는 의료 소프트웨어
규제 샌드박스	새 기술을 규제 완화 상태로 시험하는 제도
웰니스 산업	건강 관리·운동·정신 건강을 포함한 생활 건강 산업

디지털 중독과 균형 있는 생활

1. 디지털 기기 사용이 늘어나면서 일상생활에서 달라졌다고 느끼는 점에는 어떤 것이 있나요?

2. 우리는 어떻게 디지털 중독을 피하고 균형 있는 생활을 할 수 있을까요?

1. 상태 및 증상 어휘

과다 사용	수면 장애
정서적 피로	디지털 중독
주의력 저하	사회적 고립

2. 발생 배경 및 요인 어휘

일상화	과다 노출
주의력 저하	즉각적인 보상
디지털 의존도	플랫폼 중심 사회

3. 해결 방안 및 지원

실천	공공보건
사회적 지원	의식적 확보
사용 습관 형성	

4. 지향하는 가치 및 결과

삶의 질	자기 조절
삶의 만족도	디지털 공존
긍정적 영향	균형 잡힌 생활

※(   )에 들어갈 알맞은 것을 [보기]에서 골라 쓰십시오.

[보기] 일상화 / 디지털 의존도 / 사회적 고립 / 디지털 리터러시

1. 스마트폰 사용이 (   ) 되면서 우리 삶은 편리해졌지만 중독과 같은 부작용도 나타나고 있다.

2. 온라인 플랫폼에 대한 (   )이/가 높아지면서 스스로 사용 시간을 조절하기 어려워하는 사람이 늘고 있다.

3. 정보를 올바르게 이해하고 사용하는 (   )교육은 디지털 중독을 예방하는 중요한 방법이다.

4. 직접적인 소통이 줄어들면 혼자 떨어져(   ) 상태를 경험할 수 있다.

※( )에 들어갈 가장 알맞은 말을 고르십시오.

1. 디지털 중독은 디지털 기기 사용을 스스로 조절하지 못해 행동을 (   ) 못하는 상태를 말한다.

   ① 보호하지　　　② 통제하지　　　③ 의존하지　　　④ 유지하지

2. 디지털 기기를 완전히 끊는 것이 아니라, 온라인 활동과 오프라인 활동의 (   )을/를 유지하는 것이 중요하다.

   ① 거리　　　② 연결　　　③ 균형　　　④ 반복

3. 디지털 중독 문제는 개인의 의지만으로 해결하기 어렵기 때문에 (   ) 차원의 지원이 필요하다.

   ① 사회적　　　② 일시적　　　③ 부정적　　　④ 개인적

4. 무의식적인 디지털 사용 습관을 바꾸기 위해서는 오프라인 활동 시간을 (   ) 확보하려는 노력이 필요하다.

   ① 의식적으로　　　② 일상적으로　　　③ 즉흥적으로　　　④ 감정적으로

문법 ① -기 보다는

: 앞의 내용보다 뒤의 내용이 더 낫거나 우선임을 나타낼 때 사용한다.

- 집에만 있**기 보다는** 밖에 나가서 산책을 하는 게 어때요?
- 문제를 혼자 고민하**기 보다는** 친구와 상담하는 것이 좋습니다.

※'-기 보다는' 표현을 다음 질문에 알맞은 대답을 완성하십시오.

1. 디지털 중독을 예방하기 위해 어떤 태도가 필요합니까?

　(기술의 편리함에만 의존하다 / 스스로를 돌아보고 조절하다)

-----

2. 디지털 기기 사용 시간을 어떻게 관리하는 것이 좋습니까?

　(사용 시간을 정해두지 않다 / 오프라인 활동 시간을 의식적으로 확보하다)

문법 ② -(으)로 인해(서)

: 어떤 일의 원인이나 이유를 나타낼 때 사용하는 격식 있는 표현이다.
　주로 사회적 현상이나 심각한 결과의 원인을 설명할 때 자주 등장한다.

- 디지털 기기의 과다 사용**으로 인해** 수면 장애를 겪는 사람이 많다.
- 디지털 기기 사용 증가**로 인해** 눈의 피로와 두통을 호소하는 경우가 많다.

※' -로 인해(서)' 표현을 사용하여 문장을 완성하십시오.

1. 플랫폼 중심 사회의 _______________________ 디지털 기기에 대한 의존도가 더욱 높아졌다.

　　　　　　　　　　　(발전)

2. 직접적인 소통이 _______________________ 사회적 고립을 느끼는 사람들이 늘어나고 있다.

　　　　　　　　　　(부족)

[초대석] 플랫폼 시대, 디지털 중독을 어떻게 볼 것인가

사회자 : 스마트폰과 인터넷 사용이 일상화된 디지털 사회에서 '디지털 중독' 문제가 중요한 사회적 이슈로 떠오르고 있습니다. 먼저, 디지털 중독이 무엇인지 설명해 주시겠습니까?

전문가 : 디지털 중독은 스마트폰, SNS, 온라인 게임과 같은 디지털 기기 사용을 스스로 통제하지 못해 일상 기능에 문제가 생기는 상태를 말합니다. 단순한 과다 사용이 아니라, 학업이나 직장 생활, 인간관계에까지 부정적인 영향을 미칠 때 중독으로 볼 수 있습니다.

사회자 : 그렇다면 디지털 중독이 현대 사회에서 증가하는 배경에는 어떤 요인이 있습니까?

전문가 : 가장 큰 요인은 플랫폼 중심 사회의 확산입니다. 소통, 소비, 여가 활동이 모두 온라인 플랫폼을 통해 이루어지면서 디지털 의존도가 높아졌습니다. 또한 즉각적인 반응과 보상을 제공하는 구조는 주의력 저하를 유발하고, 사용 시간을 스스로 조절하기 어렵게 만듭니다.

사회자 : 디지털 중독이 개인의 삶에 미치는 영향도 클 것 같은데요.

전문가 : 맞습니다. 장시간 화면을 보는 생활이 반복되면 수면 장애, 신체 활동 감소, 정서적 피로가 나타날 수 있습니다. 더 나아가 직접적인 소통이 줄어들면서 사회적 고립을 경험하는 사람도 늘고 있습니다. 이는 삶의 만족도를 떨어뜨리는 원인이 됩니다.

사회자 : 이러한 문제를 해결하기 위해 사회적으로 어떤 노력이 필요할까요?

전문가 : 디지털 중독은 개인의 의지 문제만이 아니라 공공 보건 문제로 인식할 필요가 있습니다. 학교와 직장에서 디지털 리터러시 교육을 강화하고, 건강한 사용 습관을 형성할 수 있도록 사회적 지원이 함께 이루어져야 합니다.

사회자 : 개인 차원에서 실천할 수 있는 방법도 있을까요?

전문가 : 물론입니다. 디지털 기기를 완전히 끊기보다는 균형 있는 생활을 목표로 삼는 것이 중요합니다. 사용 시간을 점검하고, 오프라인 활동이나 취미 생활을 늘리며, 디지털 없이 보내는 시간을 의식적으로 확보하는 노력이 필요합니다.

사회자 : 마지막으로 독자들에게 전하고 싶은 말씀이 있다면요?

전문가 : 디지털 기술은 우리 삶의 질을 높이는 중요한 자산입니다. 그러나 기술의 편리함 속에서도 스스로를 돌아보고 조절하는 태도가 없다면 중독으로 이어질 수 있습니다. 디지털과 공존하는 건강한 삶은 작은 실천에서 시작됩니다.

1. 이 글의 주제로 가장 알맞은 것을 고르십시오.

① 디지털 기술의 발전 과정   ② 온라인 플랫폼의 장점과 단점

③ 스마트폰 사용을 완전히 줄이는 방법   ④ 디지털 중독 문제와 균형 있는 생활의 중요성

2. 디지털 중독이 증가하는 이유로 글에서 언급한 내용은 무엇입니까?

① 기술 교육이 부족하기 때문이다.

② 오프라인 활동이 줄어들었기 때문이다.

③ 플랫폼 중심 사회가 확산되었기 때문이다.

④ 디지털 기기의 가격이 낮아졌기 때문이다.

3. 이 글의 전문가는 디지털 중독을 왜 '개인의 문제'만이 아니라 '공공 보건 문제'로 인식해야 한다고 했습니까?

4. 인터뷰에서 말하는 디지털 중독을 해결 위한 '개인적 차원의 핵심 과제'는 무엇입니까?

읽고 정리하기

1. 각 문단에서 중요한 키워드를 2-3개를 찾아 쓰십시오.

문단	핵심 키워드
1문단	디지털 중독, ( ), 통제 불능, ( )
2문단	( ), 사회적 고립,
3문단	
4문단	
5문단	

2. 다음 빈 칸에 들어갈 알맞은 내용을 쓰십시오.

1문단:

디지털 중독이 일상생활과 인간관계에 (　　　　　　)을 미치는 상태임을 정의한다.

2문단:

플랫폼 중심 사회의 확산이 디지털 (　　　　　　)을 높이는 주요 배경임을 설명한다.

3문단:

디지털 중독이 신체 건강뿐만 아니라 (　　　　　　)까지 떨어뜨리는 원인이 된다고 말한다.

4문단:

이 문제를 해결하기 위해 교육 강화 등 (　　　　　　) 차원의 노력이 필요함을 강조한다.

5문단:

개인 차원에서는 온·오프라인의 (　　　　　　) 있는 생활을 실천해야 한다고 제안한다.

3. 다음 표현을 사용하여 위의 내용을 5-6 문장으로 자신의 말로 요약해 보십시오.

나의 말로 요약하기 – [사용 권장 표현 : 먼저/ 그 원인으로/ 더욱이/ 따라서/ 동시에]

디지털 사용 균형 점검하기

자신의 일상 속에서 디지털 기기 사용 습관을 돌아보고 균형 있는 생활을 위한 실천 계획을 세워 봅시다.

[활동 방법]

1. 여러분의 디지털 기기 사용 습관을 점검해 봅시다.

- 하루 동안 스마트폰이나 디지털 기기를 사용하는 시간을 떠올려 본다.
- 가장 자주 사용하는 시간대와 사용 목적을 간단히 정리한다.

2. 여러분의 디지털 기기 사용에 문제 상황은 없는지 돌아봅시다.

- 디지털 사용으로 인해 불편했던 경험을 하나 떠올려 본다.
- 이러한 불편 상황으로 인한 문제점은 무엇인지 생각해 본다.

3. 디지털 기기 사용으로 인한 문제 상황을 극복하기 위한 실천 계획을 세워 봅시다.

- 자기 전 30분 스마트폰 사용 줄이기
- 하루 한 번 디지털 기기 없이 보내는 시간 만들기

4. 지금까지 생각한 것을 하나의 문장으로 완성해 봅시다.

"디지털 중독을 예방하고 균형 있는 생활을 위해 나는 앞으로 ＿＿＿＿＿＿＿＿을/를 실천하려고 한다."

[활동 정리]

자신의 계획을 짝이나 소그룹과 공유해 봅시다.
소그룹에서 나온 의견 중 가장 현실적이고 실천하기 쉬운 계획을 골라 봅시다.

※본문에 나온 전문가의 견해를 바탕으로 플랫폼 개발자와 디지털 리터러시 전문가의 입장이 되어 인터뷰(토론)를 진행해 봅시다. 상대방을 설득할 수 있는 핵심 키워드를 활용해 대본을 완성해 보십시오.

① 양측의 입장 비교

구분	플랫폼 개발자(찬성)	디지털 전문가(반대)
핵심 주장	"기술은 삶을 더 편리하고 풍요롭게 만든다."	"기술은 인간을 조종하고 중독에 빠뜨린다."
근거 1	편리함과 효율성: 소통, 쇼핑, 교육이 언제 어디서나 가능해진 디지털 일상화를 이끌었다.	편리함과 효율성: 소통, 쇼핑, 교육이 언제 어디서나 가능해진 디지털 일상화를 이끌었다.
근거 2		
근거 3		

② 토론하기

[개발자 입장에서 말할 때]

"스마트폰을 통해 얻는 즐거움을 무조건 중독으로 보기보다는, 정보의 접근성이 높아진 긍정적인 영향에 주목해야 합니다."

[전문가 입장에서 말할 때]

"플랫폼의 중독적 구조로 인해 발생하는 사회적 고립은 더 이상 개인의 문제가 아니라 우리 모두의 공공 보건 문제입니다."

③ 토론을 위한 논리 구조

1. 현상 진단 : "오늘날 디지털 기술은 우리 삶에 깊숙이 들어와 있습니다."

2. 원인 분석 : "기술의 편리함은 장점이지만, 이로 인한 의존도 심화는 심각한 문제입니다."

3. 대안 제시 : "따라서 기술과 인간이 건강하게 공존하기 위해서는 사회적 지원과 개인의 노력이 동시에 필요합니다."

용어	의미
과의존	스마트폰, 인터넷 등 디지털 기기 사용을 조절하지 못하고 지나치게 의존하는 상태를 말함
디지털 디톡스	디지털 기기 사용을 일정 기간 의식적으로 멈추는 것
현저성	스마트폰이 다른 활동보다 훨씬 중요하게 느껴지는 상태를 나타내는 용어로, 과의존 연구에서 자주 등장함
도파민 중독 설계	앱·게임·숏폼이 계속 보게 만드는 구조로 설계되어 있다는 비판 담론
스크린 라이프	일·공부·소통·여가가 모두 화면 중심으로 이루어지는 생활 구조
정보 과부하	너무 많은 정보로 인해 판단력·집중력이 떨어지는 현상.
상시 연결 노동	메신저·플랫폼으로 퇴근 후에도 일에서 벗어나기 어려운 상태
디지털 공중보건	디지털 중독을 개인 문제가 아닌 보건 문제로 다루는 관점.
온라인 고립감	연결은 많지만 정서적으로 더 외롭다고 느끼는 상태.
정서 둔감화	자극적인 콘텐츠 노출로 감정 반응이 약해지는 현상.

미래를 달리는 자동차 산업

1. 위 기사의 그림을 봤을 때 앞으로 우리의 '미래 사회'는 어떤 모습일까요?

2. 변화하는 미래 사회에 여러분은 어떤 역할을 하고 싶나요?

1. 산업 및 인프라 관련 어휘

자율주행	모빌리티
인프라	실증 테스트
국산화율	알고리즘

2. 사회 및 제도 어휘

생존권	법제도
규제 혁신	사회적 합의
가이드라인	책임 소재

3. 논리 및 담론 관련 어휘

순기능	역기능
부작용	낙관론
이면	패권

4. 상태 및 정도 어휘

심도 있다	마비되다
극대화하다	병행하다
경각되다	획기적이다

어휘   확인하기 1

※ (   )에 들어갈 알맞은 것을 [보기]에서 골라 쓰십시오.

[보기] 자율주행 / 모빌리티 / 인프라 / 실증 테스트

1. 전기차, 로봇 택시, 도심 항공 교통은 모두 미래 (   ) 산업의 핵심 분야로 꼽힌다.

2. 자율주행차가 실제 도로에서 운행되기 위해서는 통신망과 도로 체계를 포함한 (   ) 구축이 선행되어야 한다.

3. 기업들은 기술의 안전성을 확인하기 위해 다양한 환경에서 (   )을/를 진행하고 있다.

4. 정부는 미래 자동차 산업 경쟁력을 높이기 위해 (   ) 기술 개발에 적극 투자하고 있다.

※(　　　)에 들어갈 가장 알맞은 말을 고르십시오.

1. 일부 전문가들은 기술 발전이 모든 문제를 해결해 줄 것이라는 (　　　　　)을/를 경계
해야 한다고 말한다.
　　① 비관론　　　　　② 결정론　　　　　③ 낙관론　　　　　④ 상대론

2. 자율주행 기술 확산으로 일자리를 잃을 가능성이 있는 운송 노동자들의 (　　　　)을/를
보호하기 위한 대책이 필요하다.
　　① 효율성　　　　　② 생존권　　　　　③ 접근성　　　　　④ 이동권

3. 자율주행차 사고가 발생했을 때 제조사와 이용자 중 누구에게 책임이 있는지, 즉
(　　　　　)을/를 명확히 해야 한다.
　　① 법적 지위　　　② 권한 범위　　　③ 의무 조건　　　④ 책임 소재

4. 이번 기술 혁신은 단순히 자동차의 성능을 높였으며 이동의 패러다임도 (　　　)변화
시켰다.
　　① 점진적으로　　② 부분적으로　　③ 일시적으로　　④ 획기적으로

문법 ① - 은/는 덕분에

: 어떤 일의 긍정적인 원인이나 이유를 나타낼 때 사용한다.

- 정부가 규제를 혁신한 **덕분에** 기업들이 신기술을 마음껏 실험에 볼 수 있었다.
- 전문가들이 시스템을 고도화한 **덕분에** 자율주행 자동차의 사고율이 낮아졌다.

※' **-은/는 덕분에**' 표현을 사용하여 두 문장을 한 문장으로 완성하십시오.

1. 도로 인프라와 자동차가 서로 연결되다 / 자동차 사고를 미리 예방할 수 있게 되었다.

----

2. 핵심 부품의 국산화율을 높이다/ 미래 자동차 산업이 짧은 시간에 발전할 수 있었다.

문법 ② –기는 하지만

: 앞선 사실이나 상태를 인정하거나 긍정하면서도 그와 대조되는 상황이나 반대되는 내
 용을 뒤이어 말할 때 사용된다.

- 전기차는 환경오염을 줄여주기**는 하지만** 충전 시설이 부족하여 이용에 불편함이 있다.
- 자율주행 기술로 운전이 편하기**는 하지만** 사고 시 누구의 잘못인지 결정하기 어렵다.

※'**-기는 하지만**' 표현을 사용하여 문장을 완성하십시오.

1. ________________________ 일각에서는 부작용을 우려하고 있다.

　　(유용하다)

2. ________________________ 아직 해결해야 할 법적 문제들이 남아 있다.

　　(논의되다)

[시사 대담] 미래 모빌리티, 혁신인가 위기인가?

사회자 : 시청자 여러분, 안녕하십니까? 오늘은 인공지능과 모빌리티 기술의 결합이 가져올 우리 사회의 변화에 대해 심도 있게 토론해 보겠습니다. 오늘 이 자리에는 기술 낙관론을 대표하는 박지훈 박사님과 사회적 부작용을 우려하는 이나래 교수님을 모셨습니다.

박혁신 박사(기술 전문가) : 반갑습니다. 현재 자율주행 기술은 단순한 편리함을 넘어 사고율을 획기적으로 낮추는 단계에 진입했습니다. 정교한 센서와 통신 인프라가 구축된 덕분에 인간의 실수를 줄이고 도로의 효율성을 극대화할 수 있게 되었기는 하지만 완벽한 안전을 담보하기 위한 시스템 고도화는 여전히 진행 중인 과제입니다.

이미래 교수 (사회학 전문가) : 박사님의 말씀처럼 기술이 주는 혜택이 큰 것은 사실입니다. 그러나 우리는 기술 이면의 사회적 갈등을 직시해야 합니다. 차량 공유 서비스의 확산으로 이동 비용이 절감된 덕분에 대중의 접근성이 높아지기는 하지만, 이로 인해 일자리를 잃게 될 운송업 종사자들의 생존권 문제는 사회적 합의가 시급한 시점입니다.

사회자 : 두 분 모두 기술의 순기능과 역기능을 잘 짚어주셨습니다. 그렇다면 미래 자동차 산업이 국가 경쟁력을 확보하기 위해 가장 시급한 대책은 무엇이라고 보십니까?

박혁신 박사 : 정부의 과감한 규제 혁신이 필요합니다. 기업들이 실증 테스트를 마음껏 할 수 있도록 환경을 조성해 준 덕분에 기술 격차를 빠르게 좁힐 수 있었기는 하지만, 글로벌 시장의 패권을 장악하기 위해서는 핵심 부품의 국산화율을 높이는 노력이 병행되어야 합니다.

이미래 교수 : 저는 법제도 정비를 강조하고 싶습니다. 자율주행 알고리즘의 발전으로 운전자의 책임이 경감된 덕분에 이동의 자유가 확대되기는 하지만, 사고 발생 시 제조사와 사용자 간의 책임 소재를 가리는 법적 가이드라인은 아직 미비한 실정입니다.

사회자: 오늘 토론을 통해 미래 모빌리티 기술이 우리 사회에 가져올 기회와 과제를 함께 살펴보았습니다. 기술 혁신과 더불어 법제도 정비와 사회적 합의가 함께 이루어질 때, 미래 자동차 산업은 지속 가능한 성장 동력이 될 수 있을 것입니다. 시청자 여러분께서도 오늘 대담을 계기로 미래 모빌리티가 만들어 갈 사회의 모습에 대해 생각해 보시기 바랍니다. 지금까지 〈미래 모빌리티, 혁신인가 위기인가〉였습니다. 감사합니다.

1. 다음 중 대담의 내용과 일치하는 것은 무엇입니까?

① 자율주행 기술의 발달로 인해 도로의 안전이 완벽하게 확보되었다.
② 차량 공유 서비스의 확산은 운송업 종사자들에게 새로운 일자리를 제공한다.
③ 정부의 규제 혁신은 기업들이 기술 격차를 줄이는 데 긍정적인 역할을 했다.
④ 미래 자동차 시장의 패권을 장악하기 위해서는 서비스의 접근성을 낮춰야 한다.

2. 전문가들이 말한 미래 자동차 산업의 과제로 가장 알맞은 것은 무엇입니까?

① 기술적 완성도를 높이기보다 홍보와 마케팅에 집중해야 한다.
② 핵심 부품의 해외 의존도를 높여 글로벌 시장과의 협력을 강화해야 한다.
③ 운전자의 책임을 강화하여 사고 발생 시 법적 가이드라인을 엄격히 적용해야 한다.
④ 기술의 혜택을 누리는 동시에 소외되는 계층의 생존권과 사회적 합의를 고민해야 한다.

3. 박혁신 박사가 현재 자율주행 기술이 '여전히 진행 중인 과제'라고 평가되는 이유는 무엇입니까?

4. 대담에서 말하는 이미래 교수가 우려하는 '사회적 갈등'은 무엇입니까?

1. 각 문단에서 중요한 키워드를 2-3개를 찾아 쓰십시오.

문단	핵심 키워드
1문단	모빌리티 기술, ( ), 시스템 고도화
2문단	생존권,
3문단	
4문단	

2. 다음 빈 칸에 들어갈 알맞은 내용을 쓰십시오.

1문단:

자율주행 기술이 ____ 음을 밝힌다.

2문단:

3문단:

4문단:

사고 발생 시 _______________________________ 마련이 시급함을 제안한다.

3. 다음 표현을 사용하여 위의 내용을 4-5 문장으로 자신의 말로 요약해 보십시오.

나의 말로 요약하기 – [사용 권장 : 현재/ 이면에는/ 이로 인해/ 따라서]

카드 뉴스 만들기

※ 미래 사회를 주제로 한 카드 뉴스를 만들어 봅시다.

1 단계 : 주제 정하기

- 우리 팀의 카드 뉴스 주제는 무엇인가요? ____________________

2 단계 : 미래 설정하기

- 우리가 상상하는 미래는 언제인가요? (예: 2035년, 2050년, 가까운 미래 등)

  ____

- 이 미래 사회의 가장 큰 변화는 무엇인가요?

  ____

3 단계 : 카드 뉴스 구성하기 (4장 이상)

▶ 카드 1 (제목 / 표지)

제목: ____________________________________

▶ 카드 2 (미래 모습)

이 미래 사회는 어떤 모습인가요? ____________________

▶ 카드 3 (문제 또는 장점)

이 사회의 장점 또는 문제는 무엇인가요? ____________________

▶ 카드 4 (해결 방법 / 우리의 메시지)

우리는 무엇이 필요하다고 생각하나요? ____________________

선택 ▶ 카드 5 (나의 생각 / 제안)

____

1. 토론 내용 계획하기

▶주제 정하기 - "완전 자율주행 자동차 도입을 전면 허용해야 하는가?"

▶현상 제시

- 아래에서 2~3개 선택하여 문장으로 쓰세요.
  □ 운전의 편리함과 사고 예방
  □ 운전의 편리함과 사고 예방
  □ 운송업 종사자의 일자리 상실
  □ 사고 발생 시 책임 소재 규명
  □ 이동 약자(노인, 장애인)의 권리

2. 찬성 VS 반대 입장 정리

입장	주요 근거	핵심 키워드
찬성 (혁신)	인간의 실수(졸음운전 등)를 없애 사고율을 획기적으로 낮출 수 있다.	#안전 #효율 #이동자유
반대 (우려)	시스템 오류 가능성이 있으며, 일자리 감소 등 사회적 혼란이 크다.	#일자리 #책임소재 #윤리

3. 마무리 발표

"우리 팀은 [찬성/반대] 입장입니다. 기술의 발전은 막을 수 없지만, [사람의 생존권/법적 가이드라인]이 먼저 해결되어야 진정한 혁신이라 부를 수 있기 때문입니다."

용어	의미
레벨4 자율주행	운전자의 개입 없이 대부분의 상황에서 차량이 스스로 운전하는 고도 자동화 단계의 자율주행 기술
실증 도시 구축	실제 도시 환경에서 자율주행 기술을 시험하는 실험·운영 환경 조성 프로그램
AI 모빌리티 융합	인공지능 기술과 미래 교통 서비스가 결합한 새로운 교통 체계 및 이동 서비스 모델
V2X / C-V2X	차량이 환경·다른 차량과 통신하는 기술
도심항공교통	드론·하늘택시 등 도시형 미래 교통수단
교통 약자 이동권	노인·장애인 등 이동이 불편한 사람들의 권리 문제
전환 노동	사라지는 직업에서 새 직업으로 이동하는 과정
사후 규제	문제가 생기면 그 이후에 규제를 마련해 조정하는 방식.
공공 수용성	시민들이 새 기술을 얼마나 받아들이는가하는 문제
탄소중립 교통	교통 분야에서 온실가스 배출 최소화 전략
초연결 사회	사람·차량·도로·도시가 모두 연결된 사회

우리일보

자전거 도시, 건강한 이동의 시작

최근 한국사회에서는 기회 위기와 탄소 배출 문제에 대응하기 위한 대안으로 '자전거 도시'가 주목받고 있다.

1. 위 기사의 도시는 누구를 중심으로 설계된 도시라고 생각하나요?

2. 이 그림 속 도시가 실제로 운영된다면 시민들에게 어떤 규칙이나 약속이 필요할까요?

1. 기후 및 환경 변화 어휘

기후 위기	탄소 배출
저탄소	온실가스
탄소 중립	미세먼지

2. 교통 및 인프라 관련 어휘

이동 방식	교통 부문
자전거 전용 도로	공공 자전거 시스템
교통 체계	교통 혼잡

3. 사회 및 인권 관련 어휘

지방자치단체	이동 선택지
시민	인식하다
실천하다	지속가능하다

4. 미래 및 가치 관련 어휘

도시 교통 개선	도로 개선
미래 도시	도시 경쟁력
지속 가능한 이동 수단	

※ (   )에 들어갈 알맞은 것을 [보기]에서 골라 쓰십시오.

[보기] 자전거 전용 도로 / 공공 자전거 시스템 / 이동 방식 / 교통 부문

1. 자동차 중심 사회에서 벗어나기 위해서는 새로운 (   )을/를 고민할 필요가 있다.
2. 자전거 이용 확대는 교통 문제 해결뿐 아니라 (   )에서 발생하는 탄소 배출을 줄이는 데 도움이 된다.
3. 최근 여러 도시에서는 시민 누구나 쉽게 이용할 수 있도록 (   )을/를 도입하고 있다.
4. 안전한 자전거 이용을 위해서는 자동차 도로와 분리된 (   )이/가 반드시 필요하다.

※ 다음 어휘를 알맞은 설명과 연결하십시오.

1. 대기 중에 머물며 지구의 열을 가두어 기온 상승을 유발하는 기체　·　·　기후 위기

2. 인간 활동으로 인해 지구 평균 기온이 상승하고, 이상 기후가 빈번해지는 문제　·　·　온실 가스

3. 공기 중에 떠다니는 아주 작은 먼지로, 호흡기 건가오가 대기 질에 악영향을 주는 물질　·　·　탄소 중립

4. 이산화탄소 배출량을 줄이거나 흡수하여 배출과 흡슈가 균형을 이루는 상태　·　·　미세 먼지

문법 ① - (으)ㄹ 뿐 아니라

: 앞의 내용에 또 하나의 사실을 덧붙여서 말할 때 사용한다.

- 자전거는 환경에 도움이 **될 뿐 아니라** 건강에도 좋다.
- 이 제도는 비용을 줄일 **뿐 아니라** 시민들의 만족도도 높였다.

※‘-(으)ㄹ 뿐 아니라’ 표현을 사용하여 문장을 완성하십시오.

1. 이 책은 내용이 ＿＿＿＿＿＿＿＿＿＿＿＿＿읽기도 쉽다.
(쉽다)

2. 자전거는 교통 혼잡을 ＿＿＿＿＿＿＿＿＿＿ 환경 보호에도 도움이 된다.
(줄이다)

문법 ② - 다는 점을 지적하다

: 어떤 사실이나 특징을 문제점이나 중요한 부분으로 짚어서 말할 때 사용한다.

- 전문가들은 이 제도가 현실을 충분히 반영하지 못한**다는 점을 지적했다**.
- 보고서에서는 청년 실업 문제가 계속 심각해지고 있**다는 점을 지적했다**.

※‘-다는 점을 지적하다’ 표현을 사용하여 문장을 완성하십시오.

1. 평론가들은 이 드라마가 캐릭터 설정은 흥미롭지만 전개가 ＿＿＿＿＿＿＿ .
(느리다)

2. 교수는 학생들이 발표 내용은 잘 준비했지만 시간 조절이 ＿＿＿＿＿＿＿ .
(부족하)

[신문사설] 자전거 도시, 건강한 이동의 시작

　최근 한국 사회에서는 기후 위기와 탄소 배출 문제에 대응하기 위한 대안으로 '자전거 도시'가 주목받고 있다. 자동차 중심의 이동 방식에서 벗어나 자전거를 활용하는 저탄소 이동 방식이 확산되면서 도시 교통의 방향에 대한 사회적 논의도 함께 활발해지고 있다. 교통 부문은 온실가스 배출에서 차지하는 비중이 큰 분야로 이동 수단의 변화는 환경 문제 해결에 직접적인 영향을 미친다. 이러한 배경 속에서 자전거는 친환경적이면서도 실현 가능한 대안으로 평가받으며 미래 도시의 핵심 요소로 떠오르고 있다.

　전문가들은 자전거가 연료를 사용하지 않는 이동 수단이라는 점에서 탄소 중립 실현에 기여할 수 있을 뿐 아니라, 도심의 소음과 미세먼지를 줄이는 데도 효과적이라고 설명한다. 특히 짧은 거리 이동이 잦은 도시 환경에서는 자전거가 자동차를 대체할 수 있는 충분한 경쟁력을 가진다. 이에 따라 일부 지방자치단체에서는 자전거 전용 도로를 확충하고, 공공 자전거 시스템을 도입하는 등 도시 교통 체계 개선에 나서고 있다. 이러한 정책은 교통 혼잡을 완화하고 시민들의 이동 선택지를 넓히는 긍정적인 효과를 낳고 있다. 시민들의 인식 변화도 눈에 띈다. 환경 보호와 건강을 동시에 고려한 이동 방식이 일상 속 실천으로 자리 잡으면서, 출퇴근이나 가까운 거리 이동에 자전거를 이용하는 사례가 점차 늘고 있다. 자전거 이용은 신체 활동을 자연스럽게 늘려 건강 증진에 도움을 주며, 이동 과정에서 도시 환경을 직접 체감하게 한다는 점에서도 의미가 크다.

　이는 환경 문제가 더 이상 거창한 담론에 머무르지 않고 개인의 생활 방식 속 실천으로 이어지고 있음을 보여 준다. 전문가들은 자전거 도시가 일시적인 정책이나 유행에 그치지 않기 위해서는 장기적인 도시 계획과 시민 참여가 함께 이루어져야 한다고 강조한다. 단순히 자전거 도로를 늘리는 것을 넘어, 보행자와 자전거 이용자가 안전하게 공존할 수 있는 교통 문화 조성이 중요하다는 것이다. 또한 학교와 지역 사회를 중심으로 한 교통 안전 교육과 자전거 이용 문화 확산 역시 필요하다. 자전거 도시는 이동 수단의 변화를 넘어 도시의 삶의 방식을 바꾸는 시도로 환경 보호와 건강 증진, 공동체 회복을 함께 실현할 수 있는 지속 가능한 미래 도시의 핵심 모델로 평가된다.

1. 다음 중 글의 중심 내용으로 가장 알맞은 것은 무엇입니까?

① 자전거는 레저 활동으로만 활용되는 이동 수단이다.

② 자전거 이용은 개인의 취향에 따라 선택되는 문제이다.

③ 자동차 중심 교통 체계가 도시 발전에 가장 효과적이다.

④ 자전거 도시는 환경과 건강을 함께 고려한 미래도시 모델이다.

2. 자전거 도시 정책의 효과로 글에서 언급되지 않은 것은 무엇입니까?

① 교통 혼잡 완화 ② 대중교통 요금 인하

③ 도심의 소음과 미세먼지 감소 ④ 시민들의 이동 선택지 확대

3. 글에서 자전거가 '지속 가능한 이동 수단'으로 평가되는 이유를 두 가지 이상 써 보세요.

4. 전문가들이 말하는 '자전거 도시가 정착하기 위한 조건'은 무엇입니까?

1. 각 문단에서 중요한 키워드를 2-3개를 찾아 쓰십시오.

문단	핵심 키워드
1문단 – 문제 제기 및 주제 제시	자전거 도시 / 자전거 중심 이동 방식
2문단 – 근거 제시 및 개념 설명	탄소 배출 / 소음과 미세먼지
3문단 – 정책 사례 및 제도적 대응 제시	
4문단-사회적 변화와 시민 인식 설명	

2. 다음 빈 칸에 들어갈 알맞은 내용을 쓰십시오.

1문단:

이 문단에서는 기후 위기 대응을 위해 ____________________ 가 미래 도시 교통의 대안으로 주목받고 있음을 설명한다.

2문단:

자전거는 ____________________과/와 ____________________ 감소에 효과적인 지속 가능한 이동 수단으로 평가된다.

3문단:

시민들은 환경과 ____________________을/를 고려하여 일상 속 이동 수단으로 자전거를 선택하기 시작했다.

4문단:

자전거 도시의 정착을 위해서는 안전한 도로 환경과 함께 ____________________ 전환이 필요하다고 강조한다.

3. 다음 표현을 사용하여 위의 내용을 5-6 문장으로 자신의 말로 요약해 보십시오.

나의 말로 요약하기 - [사용 권장 표현: 먼저/ 그러나/ 따라서/ 이러한 이유로/ 결국]

K-뉴스 읽기 · 외국인을 위한 시사 한국어

우리 동네 탄소 중립 '그린 맵(Green Map)' 설계하기

※역할극에서 나온 각자의 요구 사항(인프라, 기술, 실천)을 종합하여 내가 사는 동네를 탄소 중립 도시로 다시 설계해 봅시다.

1. 해결이 필요한 우리 동네 문제 찾기

- 역할극에서 나온 '상대방에 대한 요구 사항'을 바탕으로 우리 동네의 문제를 적어 보세요.

시민의 눈 : "○○ 사거리에는 자전거 도로가 끊겨 있어서 위험해요."

기업의 눈 : "우리 동네 상가에는 재활용품을 수거하는 스마트 키오스크가 부족해요."

정부의 눈 : "사람들이 자전거를 어디에 세워야 할지 몰라 아무 데나 방치하고 있어요."

2. 그린 맵(Green Map) 아이디어 구상

- 아래 요소 중 우리 동네에 꼭 필요한 시설 3가지를 선택하고 위치를 정해 보세요.

구분	주요 시설 아이디어	선택(V)
교통(정부)	안전 펜스가 설치된 자전거 전용 고속도로, 자전거 전용 신호등	☐
기술(기업)	태양광 충전이 가능한 공공 자전거 거점, 투명 페트병 무인 수거기	☐
문화(시민)	제로 웨이스트(Zero-waste) 샵, 자전거 수리 센터 및 무료 교육장	☐

3. 우리 동네 변화 모습 그리기 (또는 쓰기)

※ 아래 질문 도움말을 참고하여 변화된 우리 동네의 모습을 설명해 보세요.

〈 질문 도움말 〉

- 내가 제안한 시설이 들어서면 시민들의 **이동 방식**이 어떻게 변할까요?
- 이 지도가 완성되면 우리 동네의 **탄소 배출**은 얼마나 줄어들까요?
- 이 변화를 유지하기 위해 우리 이웃들에게 어떤 **인식의 전환**이 필요할까요?

■ 나의 설계 설명 :

※위에서 정리한 개요를 바탕으로 빈칸을 채워 발표문을 완성해 보십시오.

① 도입 : 문제 인식

안녕하세요? 저는 우리 동네를 탄소 중립 도시로 만들기 위해 '(　　　　)'프로젝트를 설계한 (　　　)입니다. 여러분, 평소 우리 동네에서 (　　　　　　)때문에 불편하거나 환경이 걱정되었던 적이 없으신가요? 저는 이 문제를 해결하기 위해 우리 동네 그린 맵을 그려 보았습니다.

② 전개 : 핵심 아이디어

제가 설계한 지도에서 가장 중요한 세 가지 변화는 다음과 같습니다.

첫째, 정부 차원에서 ＿＿＿＿＿＿＿＿＿＿을/를 설치하여 안전한 이동 환경을 만들겠습니다.

둘째, 기업의 기술을 활용한 ＿＿＿＿＿＿＿＿＿＿을/를 배치하여 자원 순환을 돕겠습니다.

셋째, 시민들이 함께 참여하는 ＿＿＿＿＿＿＿＿＿을/를 통해 환경 문화를 확산시키겠습니다.

③ 결론 : 변화와 다짐

이 시설들이 우리 동네에 들어선다면 시민들의 이동 방식은 ＿＿＿＿＿＿＿＿＿＿하게 변할 것이며 우리 동네의 탄소 배출량 또한 크게 줄어들 것입니다. 결국 중요한 것은 시설뿐만 아니라 우리 이웃들의 '인식의 전환'입니다. 미래 세대에게 깨끗한 지구를 물려주기 위해 저와 함께 시작해 보시겠습니까? 감사합니다.

용어	의미
녹색 전환	환경 친화적 산업·생활 구조로의 전반적 변화
환경 발자국	개인·도시 활동이 환경에 미치는 영향의 총합
스마트 모빌리티	ICT 기반의 효율적·친환경 이동 체계
공존형 교통 문화	보행자·자전거·차량이 조화를 이루는 교통 인식
교통 약자 친화 정책	노약자·보행자·자전거 이용자 보호 중심 정책
건강 형평성	이동·환경 접근성에서의 건강 격차 해소 개념
정책 실효성	정책이 실제 현장에서 얼마나 효과적으로 작동하는지를 평가
사회적 합의	다양한 이해 관계자들이 충분한 논의를 거쳐 공통된 방향에 동의하는 과정
시민 참여형 정책	정책 수립과 실행 과정에 시민의 의견과 참여를 적극적으로 반영하는 방식
생활 인프라 혁신	교통, 주거, 보행 환경 등 일상생활과 밀접한 시설을 새롭게 개선하는 변화

재활용으로 만드는 순환 사회

1. 이 뉴스에는 어떤 메시지가 담겨 있다고 생각하나요?

2. 우리가 생활에서 실천할 수 있는 저탄소 생활 방식에는 무엇이 있을까요?

1. 경제 구조 관련 어휘

선순환	순환 경제
생존 전략	경제 모델
일직선 구조	고부가가치

2. 자원 및 환경 관련 어휘

소각	매립
폐기물	분리배출
자원 투입	재활용률

3. 기업 및 제도 관련 어휘

제품 설계	책임
친환경 공정	무라벨 생수
리필 스테이션	브랜드 가치

4. 소비 및 인식 관련 어휘

가치 소비	관점
전환	혁신하다
시대적	과제

어휘 ▶ 확인하기 1

※(   )에 들어갈 가장 알맞은 말을 고르십시오.

고부가가치 / 폐기물 / 정착되다 / 전환

1. 한국의 분리배출 제도는 시민들의 적극적인 참여 덕분에 안정적으로 (   ).

2. 재활용이 불가능한 일부 플라스틱은 결국 (   )로 분류되어 소각되거나 매립된다.

3. 쓰레기를 오염원이 아니라 새로운 자원으로 바라보는 인식의 (   )이/가 필요하다.

4. 폐기물을 다시 자원으로 활용하는 기술은 경제적으로 (   )를 창출하는 중요한 산업이다.

※( )에 들어갈 가장 알맞은 말을 고르십시오.

1. 과거의 경제 모델이 '생산-소비-폐기'의 구조였다면 이제는 자원이 반복되는 ( ) 경제가 필수적이다.
   ① 일직선 　　② 선순환 　　③ 복합적 　　④ 고무적

2. 진정한 순환 사회를 위해서는 제품 ( ) 단계부터 재활용을 고려하는 기업의 책임이 중요하다.
   ① 소비 　　② 배출 　　③ 설계 　　④ 매립

3. 소비자들이 환경적 가치를 중시하는 ( ) 소비를 실천하면서 기업의 공정도 친환경적으로 변하고 있다.
   ① 가치 　　② 대량 　　③ 일시적 　　④ 수동적

4. 순환 사회는 개인의 실천, 기업의 혁신, 정부의 정책이 ( )처럼 맞물릴 때 완성될 수 있다.
   ① 톱니바퀴 　　② 이물질 　　③ 브랜드 　　④ 폐기물

문법 ① - 았/었더라면

　: 과거의 사실과 반대되는 일을 가정하거나 상상할 때 사용한다.

- 정부가 환경 정책을 미리 준비**했더라면** 기후 위기에 빠르게 대응할 수 있었을 것이다.
- 제품 설계 단계부터 재활용을 고려**했더라면** 쓰레기 발생량을 크게 줄였을 것입니다.

※다음 문장에서 (　　　)을 알맞은 형태로 고치십시오.

1. 시민들이 분리배출에 적극적으로 (참여하다) 자원 재활용률이 지금보다 훨씬 높았을 것이다.

2. 기업들이 친환경 공법을 (도입하다) 탄소 배출로 인한 환경 오염을 방지할 수 있었을 것이다.

문법 ② - 은/는 것이 아니라

　: 어떤 사실을 부정하고 그 대신 다른 사실이 맞음을 나타낼 때 사용한다.

- 환경 보호는 단순히 구호를 외치는 **것이 아니라** 생활 속에서 실천하는 것이다.
- 기업의 목적은 이윤 추구에만 있는 **것이 아니라** 사회적 책임을 다하는 데에도 있다.

※다음 문장에서 (　　　)을 알맞은 형태로 고치십시오.

1. 분리배출은 단순히 쓰레기를 (버리다) 자원을 다시 사용하기 위해 준비하는 과정이다.

----

2. 환경 보호는 미래 세대에만 (중요하다) 현재를 사는 우리에게도 중요한 과제이다.

[시사 칼럼] '잘 버리는 사회'에서 '버릴 것이 없는 사회'로

한국 사회는 이제 '잘 버리는 것'에 익숙한 사회에서, '버릴 것이 없는 구조'를 지향하는 사회로 전환을 시도하고 있다. 과거의 경제 모델이 자원을 생산하고 소비한 뒤 폐기하는 '생산-소비-폐기'의 일직선 구조였다면, 오늘날에는 폐기물을 다시 자원으로 순환시키는 구조가 요구되고 있다. 이른바 '순환 경제'는 더 이상 선택의 문제가 아니라, 기후 위기와 자원 고갈 시대에 살아남기 위한 필수적인 생존 전략으로 인식되고 있다.

한국은 분리배출 제도가 비교적 잘 정착된 나라로 평가받는다. 거리 곳곳에 설치된 분리수거함과 시민들의 높은 참여율은 세계적으로도 주목받아 왔다. 그러나 높은 분리배출률이 곧바로 높은 재활용률로 이어지지는 않는다. 이물질이 묻은 플라스틱이나 여러 재질이 섞인 복합 용기들은 재활용 과정에서 처리 비용이 많이 들고 효율이 낮아 결국 소각되거나 매립되는 경우가 많다. 진정한 순환 사회를 만들기 위해서는 시민 개인의 노력에만 의존할 것이 아니라, 제품을 설계하는 단계부터 재활용을 고려하는 기업의 책임과 이를 제도적으로 뒷받침하는 정책이 함께 작동해야 한다.

이러한 가운데 최근 확산되고 있는 '무라벨 생수'나 '리필 스테이션'은 긍정적인 변화의 신호로 평가된다. 소비자들은 환경적 가치를 고려한 소비를 통해 기업의 생산 방식을 변화시키고, 기업은 친환경 공정을 도입함으로써 브랜드의 신뢰도와 가치를 동시에 높이고 있다. 쓰레기를 단순한 오염원이나 처리 대상이 아니라, 새로운 가치를 만들어 낼 수 있는 자원으로 바라보는 인식의 전환이 점차 확산되고 있는 것이다.

결국 순환 사회는 개인의 생활 속 실천, 기업의 기술 혁신과 책임 있는 생산, 그리고 정부의 정책적 지원이 톱니바퀴처럼 맞물릴 때 비로소 완성될 수 있다. 어느 한 주체의 노력만으로는 지속 가능한 변화를 이루기 어렵다. 미래 세대에게 '쓰레기 산'이 아닌 '자원의 선순환 구조'를 물려주기 위해, 지금 우리 사회는 소비와 생산, 그리고 생활 방식 전반을 다시 설계해야 하는 중요한 갈림길에 서 있다. 이는 환경 보호를 넘어, 지속 가능한 사회로 나아가기 위한 시대적 과제라 할 수 있다.

1. 이 글에서 말하는 '진정한 의미의 순환 사회'를 만들기 위해 반드시 필요하다고 본 요소로 가장 적절한 것은 무엇인가?

① 시민의 분리배출 참여 확대   ② 분리수거함 설치 확대와 단속 강화

③ 재활용 기술 개발을 위한 민간 투자   ④ 제품 설계 시 재활용을 고려하는 기업의 책임

2. 다음 중 이 글의 내용과 일치하지 않는 것은 무엇인가?

① 높은 분리배출률은 곧 높은 재활용률로 이어진다.

② 한국은 분리배출 제도가 비교적 잘 정착된 나라이다.

③ 순환 사회는 개인, 기업, 정부의 역할이 함께 작동해야 완성된다.

④ 무라벨 생수와 리필 스테이션은 긍정적인 변화의 사례로 제시되었다.

3. 이 글에서 '관점의 전환'의 의미는 무엇일까요?

4. 한국 사회가 '순환 사회'로 나아가기 위해 필요한 것은 무엇일까요?

읽고   정리하기

1. 각 문단에서 중요한 키워드를 2-3개를 찾아 쓰십시오.

문단	핵심 키워드
1문단	순환 경제,
2문단	분리배출
3문단	
4문단	선순환

2. 다음 빈 칸에 들어갈 알맞은 내용을 쓰십시오.

문단별요약

1문단:

2문단:

3문단:

4문단:

----

3. 다음 표현을 사용하여 위의 내용을 5-6 문장으로 자신의 말로 요약해 보십시오.

나의 말로 요약하기 – [사용 권장 표현: 먼저/ 하지만/ 따라서/ 이러한 이유로/ 결국]

순환 사회 회의실: 탄소 제로 도시를 향하여

※우리의 삶에서 탄소 배출을 줄이고 자원을 순환할 수 있는 구체적인 방안을 이야기해 봅시다.

1. 역할 선택 및 입장정리하기

역할	담당	입장
시민		
기업 직원		
정부 공무원		

2. 토론 내용 준비하기

- 우리 사회를 '탄소 배출 없는 순환 사회'로 만들기 위해서 우리가 할 수 있는 일은 무엇일까요?

질문의 예시
 - "우리 사회를 '버릴 것이 없는 사회로 만들기 위해 당신의 입장에서 가장 먼저 해야
   할 일은 무엇입니까?"

답변의 예시

시민 : "조금 불편해도 리필 제품을 선택하겠습니다."

기업 : "처음부터 재활용 가능한 용기로 제품을 만들겠습니다."

정부 : "재활용이 어려운 포장재에 기준을 만들겠습니다."

질문	답변

※**다른 나라의 재활용·순환 경제 사례를 조사하고 한국의 상황과 비교하여 장점·한계를 설명해 보십시오.**

1. 조사 국가 선택

• 우리가 조사할 나라는 어디인가요?

국가명: _________________　　선택한 이유: _________________

2. 해당 국가의 순환 사회 제도 알아보기

① 주요 재활용·순환 정책 또는 제도

제도/정책 이름: ____

간단한 설명: ____

② 장점과 한계

• **장점**____

• **한계 또는 문제점**_____________________________________

3. 한국과 비교해 보기

① 공통점은 무엇인가요?

____

② 차이점은 무엇인가요?

____

③ 한국이 배울 수 있는 점은 무엇인가요?

____

용어	의미
분리배출 고도화	재활용을 위해 쓰레기를 더 정확하게 나누는 것
환경 부담금	환경오염의 원인자에게 비용을 부담시켜 환경개선을 유도하는 제도
복합 재질 폐기물	여러 재질이 섞여 재활용이 어려운 쓰레기
업사이클링	버려진 물건을 더 가치 있는 제품으로 재사용하는 것
가치소비	환경이나 사회적 가치를 생각하며 소비하는 행동
친환경 소비	환경에 덜 해가 되는 제품을 선택하는 소비
제로 웨이스트	쓰레기를 거의 만들지 않으려는 생활 방식
리필 스테이션	용기를 다시 채워 쓰는 친환경 매장
ESG 경영	환경·사회·지배구조를 고려하는 기업 경영 방식
녹색 산업	환경 보호를 목표로 하는 산업 분야

MZ세대가 바꾸는 직장 문화

1. 위 기사의 그림에서 볼 수 있는 MZ세대 직장 문화의 변화는 무엇인가요?

2. 여러분이 생각하는 MZ 문화는 어떤 것이 있나요?

1. 직장 문화·조직 문화 관련 어휘

조직 문화	위계질서
수평적 관계	호칭 문화
복장 문화	회식 문화

2. 일과 삶의 가치관 관련 어휘

워라밸	삶의 질
조화	중시하다
선호하다	존중하다

3. 소통·근무 방식 관련 어휘

일방적	자율적
유연근무제	재택근무
생활 리듬	업무 효율성

4. 갈등·미래 방향 관련 어휘

소통	헌신
공감대	장기적
조율하다	지시하다

어휘 ▶ 확인하기 1

※ (　　　　　　)에 들어갈 알맞은 것을 [보기]에서 골라 쓰십시오.

[보기] 유연근무제 / 워라밸 / 업무 효율성 / 수평적 관계

1. MZ세대는 일과 삶의 균형, 즉 (　　　　　　)을/를 중요한 가치로 여긴다.
2. 근무 시간을 비교적 자유롭게 조정할 수 있는 제도를 (　　　　　　)(이)라고 한다.
3. 유연근무제와 재택근무는 직원의 만족도와 (　　　　　　)을/를 높이는 효과가 있다.
4. 위계질서보다 역할과 능력을 중시하는 관계를 (　　　　　　)(이)라고 한다.

어휘 ▶ 확인하기 2

※ 다음 어휘를 알맞은 설명과 연결하십시오.

1. 위와 아래가 분명한 관계나 순서　　　·　　　· 소통
2. 서로 말하고 듣고, 생각과 마음을 나누는 것　·　　　· 위계질서
3. 여러 사람이 함께 느끼는 생각　　　·　　　· 공감대
4. 서로 다르지만 잘 어울리는 상태　　　·　　　· 조화

문법 ① – 은/는 반면에

: 두 대상이나 상황을 비교·대조할 때 사용한다.

- 기존 세대는 직장의 안정을 중요하게 생각하**는 반면에**, MZ세대는 일과 삶의 균형을 더 중요하게 여긴다.
- 이 회사는 전통적인 규칙을 유지하**는 반면에**, 근무 환경은 비교적 자유로운 편이다.

※'-은/는 반면에' 문법을 사용하여 문장을 완성하십시오.

1. 기존 세대는 직장의 안정성을 중요하게 _______________ MZ세대는 자율적인 근무 환경을
   (생각하다)

   더 선호한다.

2. 이 회사는 규칙을 엄격하게 _____________ 회식 문화는 비교적 자유로운 편이다.
   (유지하다)

문법 ② – 더라도

: 앞의 조건이나 상황이 있어도 결과는 변하지 않음을 나타낸다.

- 일이 많**더라도** 개인의 삶을 중요하게 생각해야 한다.
- 새로운 제도가 처음에는 불편하**더라도** 시간이 지나면 익숙해질 수 있다.

※'-더라도' 표현을 사용하여 문장을 완성하십시오.

1. 일이 __________ 개인의 삶을 포기하지 않으려는 사람들이 늘고 있다.
   (늘다)

2. 새로운 제도가 아직 익숙하지 __________ 회사는 이 제도를 계속 유지할 계획이다.
   (익숙하지 않다)

[칼럼] '일보다 삶'… MZ세대가 흔드는 한국 직장 문화

최근 한국 사회의 직장 문화는 MZ세대의 등장으로 빠르게 변화하고 있다. MZ세대는 일을 삶의 전부로 여기기보다 일과 개인의 삶이 조화를 이루는 것을 중요하게 생각한다. 이들은 '워라밸'을 핵심 가치로 삼으며, 높은 연봉이나 평생직장보다 개인의 행복과 삶의 질을 더 중시한다. 따라서 장시간 근무나 과도한 경쟁보다는 자율적인 근무 환경과 개인의 시간을 존중하는 직장 문화를 선호한다.

이러한 인식은 직장 내 소통 방식에도 변화를 가져왔다. 상사가 일방적으로 지시하는 방식보다 업무의 목적과 이유를 설명하고 의견을 나누는 소통을 중시하며, 직급이나 나이보다 역할과 능력을 중심으로 한 수평적 관계를 선호한다. 이에 따라 일부 기업에서는 호칭 문화를 개선하고 자유로운 복장을 허용하는 등 조직 문화를 유연하게 바꾸고 있다. 회식 문화 역시 강요에서 자율 참여로 전환되며, 점심 모임이나 간단한 소통 자리로 대체되는 경우가 늘고 있다.

근무 방식에서도 유연근무제와 재택근무가 확대되면서, 직원들은 자신의 생활 리듬에 맞춰 일할 수 있는 환경을 경험하고 있다. 이러한 변화는 업무 효율성과 만족도를 함께 높이는 긍정적인 효과를 보이고 있다. 물론 모든 직무에 동일하게 적용하기는 어렵지만, 일하는 방식의 다양화 필요성에 대한 공감대는 점차 확산되고 있다.

한편 기존 세대 일부는 MZ세대의 태도를 책임감 부족이나 조직에 대한 헌신 약화로 인식하며 세대 간 갈등이 나타나기도 한다. 그러나 전문가들은 이를 변화 과정에서 나타나는 자연스러운 현상으로 본다. 중요한 것은 어느 한쪽의 옳고 그름이 아니라, 서로의 가치관을 이해하고 조율하려는 노력이다. MZ세대가 이끄는 직장 문화의 변화는 한국 사회가 보다 건강하고 지속 가능한 방향으로 나아가기 위한 과정이라 할 수 있다.

1. 다음 중 MZ세대의 직장 문화 인식으로 가장 알맞은 것은 무엇입니까?

① 높은 연봉과 평생직장을 가장 중요하게 여긴다.
② 일과 삶의 균형과 개인의 행복을 중요하게 생각한다.
③ 위계질서와 규칙을 중심으로 한 조직 문화를 선호한다.
④ 장시간 근무와 경쟁을 통해 성과를 내는 것을 중시한다.

2. 글의 내용과 가장 거리가 먼 것은 무엇입니까?

① 유연근무제와 재택근무가 확대되고 있다.
② 모든 세대가 MZ세대의 가치관을 긍정적으로 본다.
③ 세대 차이로 인해 직장 내 갈등이 나타나기도 한다.
④ 일부 기업에서는 호칭 문화와 복장 규정을 바꾸고 있다.

3. MZ세대가 선호하는 직장 문화의 특징을 두 가지 쓰십시오.

4. 글에서 말하는 세대 간 갈등의 원인과 해결 방향을 간단히 쓰십시오.

1. 각 문단에서 중요한 키워드를 2-3개를 찾아 쓰십시오.

문단	핵심 키워드
1문단	MZ세대, 워라밸, 근무 환경
2문단	
3문단	
4문단	

2. 다음 빈 칸에 들어갈 알맞은 내용을 쓰십시오.

문단별요약

1문단:

2문단:

3문단:

4문단:

----

3. 다음 표현을 사용하여 위의 내용을 5-6 문장으로 자신의 말로 요약해 보십시오.

나의 말로 요약하기 – [사용 권장 표현: 우선 / 한편 / 반면에 / 따라서 / 종합해 보면]

K-뉴스 읽기 · 외국인을 위한 시사 한국어

역할극으로 말해 보는 한국 직장 문화

① 다음 대화를 읽고, 상사와 직원의 입장 차이에 표시하십시오.

상사 : 오늘 일이 조금 늦어질 것 같아요. 퇴근 후에 조금만 더 할 수 있을까요?

직원 : 오늘은 개인 일정이 있어서 야근이 조금 어렵습니다.

상사 : 이 일은 오늘 꼭 끝내야 합니다.

직원 : 미리 말씀해 주시면 더 좋을 것 같습니다.

상사 : 예전에는 이런 상황이면 다들 그냥 남아서 했어요.

직원 : 그때와 지금은 근무 방식이 조금 다른 것 같습니다. 미리 알면 일정 조정도 할 수 있습니다.

상사 : 음… 그 말도 맞네요. 다음부터는 미리 이야기하겠습니다.

직원 : 감사합니다. 오늘은 퇴근하고 내일 아침에 더 집중해서 처리하겠습니다.

상사 : 좋아요. 그럼 내일 오전까지 마무리해 주세요.

② 다음 대화에서 기능별 표현을 찾아 써 보십시오.

• 정중하게 거절하기:

(예: 오늘은 개인 일정이 있어서 야근이 조금 어렵습니다.)

• 의견 제시하기:

• 요청·제안 제시하기:

• 조율·수용 제시하기:

----

③ 다음과 같은 상황에서 상사와 직원이 되어 대화를 해 보십시오.

• 갑작스러운 회식   • 재택근무 요청

• 출근 시간 조정   • 업무 마감일 연기

**확장
하기**

※팀을 이루어 변화하는 한국 직장 문화를 주제로 한 짧은 영상을 만들어 보십시오.

1. 주제 선택 - 다음 중 하나를 선택하십시오.

□ MZ 신입사원의 첫 출근   □ 야근 vs 워라밸   □ 회식 문화의 변화

2. 영상 콘셉트 정하기

우리 영상의 핵심 내용은 무엇인가요? _______________________________

(예: MZ세대 신입사원이 상사에게 정중하게 의견 말하기)

등장인물과 역할: _______________________________

(예: 팀장, 신입사원, 선배, 동료 등)

3. 대본 쓰기 _______________________________

----

4. 촬영 준비

촬영 장소: _______________   소품/자료: _______________

담당 역할: _______________   연기: _______________

촬영: _______________   편집: _______________

영상 길이: 30초 ~ 1분

5. 발표 및 공유

우리 영상의 제목: _______________________________

발표 후, 다른 팀 영상에서 인상 깊었던 점: _______________________________

용어	의미
갑질	지위가 높은 사람이 권력을 함부로 쓰는 행동
열정페이	"경험·열정"을 이유로 낮은 임금을 주는 관행
꼰대	권위적이고 자기 생각만 강요하는 사람
N잡러	한 사람이 여러 일을 동시에 하는 것
반반차	반나절보다 더 짧게 쓰는 휴가(약 2시간)
공정성	평가와 보상이 공평한 것
점심 회식	저녁 대신 점심에 하는 회식 문화
연공서열	나이·근속연수 중심 문화
대퇴사 시대	젊은 층 이직·퇴사 증가 현상
직장 내 괴롭힘	직장 생활을 할 때 반복적인 정신적 압박을 주는 것

1인 가구 시대, 새로운 공동체의 모습

1. 이 뉴스가 다루는 핵심 키워드는 무엇인 것 같나요?

2. 여러분은 가끔 외롭다고 느낄 때, 외로움을 어떻게 해결하나요?

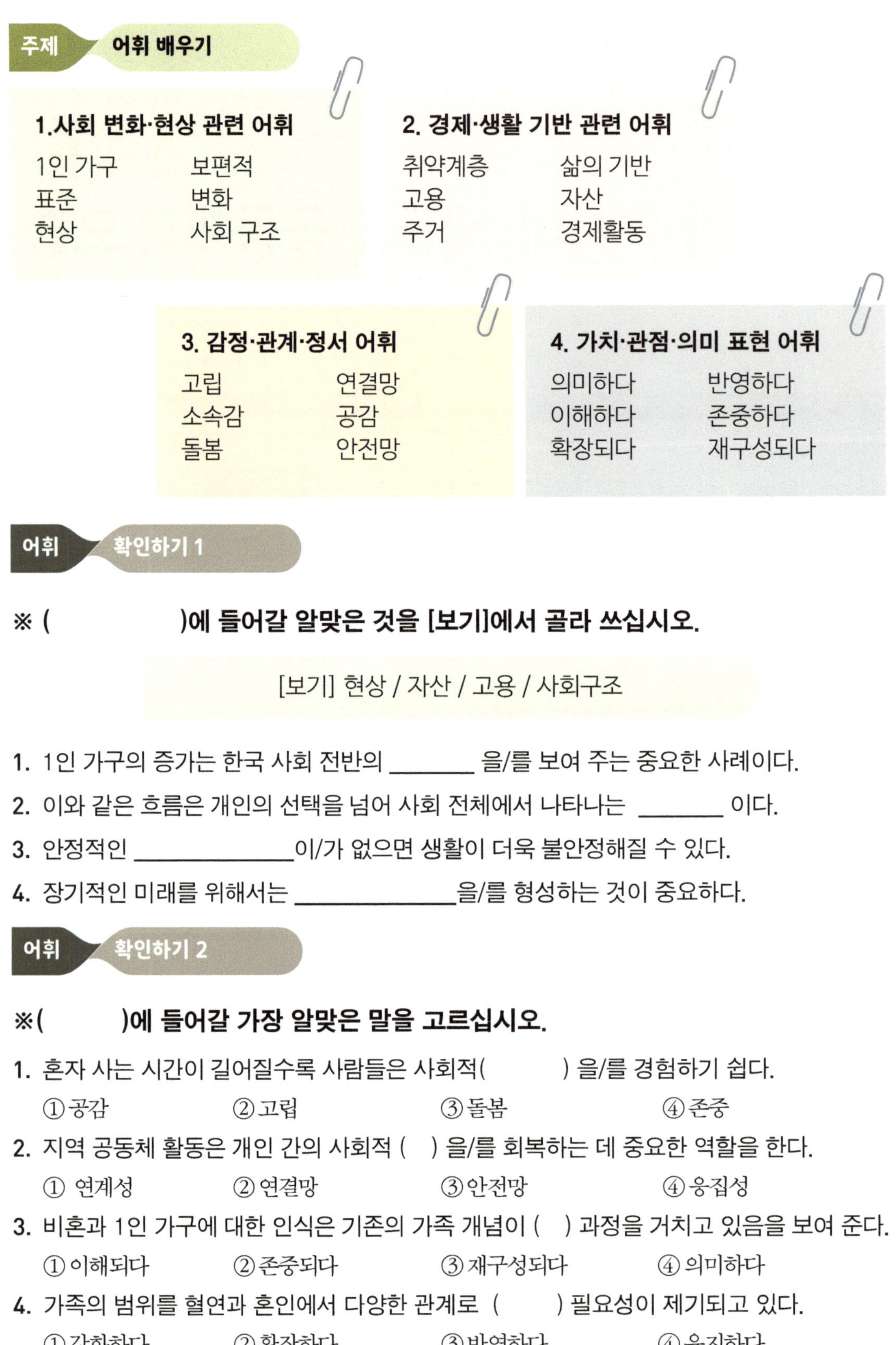

1.사회 변화·현상 관련 어휘

1인 가구	보편적
표준	변화
현상	사회 구조

2. 경제·생활 기반 관련 어휘

취약계층	삶의 기반
고용	자산
주거	경제활동

3. 감정·관계·정서 어휘

고립	연결망
소속감	공감
돌봄	안전망

4. 가치·관점·의미 표현 어휘

의미하다	반영하다
이해하다	존중하다
확장되다	재구성되다

※ ( )에 들어갈 알맞은 것을 [보기]에서 골라 쓰십시오.

[보기] 현상 / 자산 / 고용 / 사회구조

1. 1인 가구의 증가는 한국 사회 전반의 _______ 을/를 보여 주는 중요한 사례이다.

2. 이와 같은 흐름은 개인의 선택을 넘어 사회 전체에서 나타나는 _______ 이다.

3. 안정적인 _____________이/가 없으면 생활이 더욱 불안정해질 수 있다.

4. 장기적인 미래를 위해서는 _____________을/를 형성하는 것이 중요하다.

※( )에 들어갈 가장 알맞은 말을 고르십시오.

1. 혼자 사는 시간이 길어질수록 사람들은 사회적( ) 을/를 경험하기 쉽다.
   ① 공감　　　　　② 고립　　　　　③ 돌봄　　　　　④ 존중

2. 지역 공동체 활동은 개인 간의 사회적 ( ) 을/를 회복하는 데 중요한 역할을 한다.
   ① 연계성　　　　② 연결망　　　　③ 안전망　　　　④ 응집성

3. 비혼과 1인 가구에 대한 인식은 기존의 가족 개념이 ( ) 과정을 거치고 있음을 보여 준다.
   ① 이해되다　　　② 존중되다　　　③ 재구성되다　　　④ 의미하다

4. 가족의 범위를 혈연과 혼인에서 다양한 관계로 ( ) 필요성이 제기되고 있다.
   ① 강화하다　　　② 확장하다　　　③ 반영하다　　　④ 유지하다

K-뉴스 읽기 · 외국인을 위한 시사 한국어

문법 ① - 아/어 가다

: **어떤 변화나 상태가 지금부터 앞으로 계속 진행됨을 나타낸다.**

- 1인 가구가 점점 늘어 **가고 있다**.
- 고독사 문제가 꾸준히 증가해 **오고 있다**.

※ '**- 아/어 가다**' 표현을 사용하여 다음 질문에 알맞은 대답을 완성하십시오.

1. 요즘 사람들의 인간관계는 어떻게 변하고 있나요?

   (온라인 기반의 소통으로 바뀌다)

   -----

2. 지역 공동체 활동은 어떤 역할을 하고 있나요?

   (혼자 사는 사람들의 정서적 안정망으로 자리잡다)

문법 ② - 게 되다

: 환경·상황·시간의 흐름에 따라 자연스럽게 생긴 결과나 변화를 나타낼 때 사용한다.

- 1인 가구 문제는 더 이상 개인의 선택이 아닌 사회적 과제로 떠오르**게 되었다**.
- 사람들 사이의 관계를 회복할 수 있는 지역 공동체 활동의 필요성을 다시 강조하**게 되었다**.

※ '**-게 되다**' 표현을 사용하여 문장을 완성하십시오.

1. 주거 비용이 계속 오르면서 청년들은 독립을 ______________________.

   (미루다)

2. 고령 인구가 증가하면서 노인 돌봄 문제가 사회적으로 ______________________.

   (심각해지다)

[기획기사] 「1인 가구 시대, 새로운 공동체를 설계해야 할 때」

지난 10여 년 동안 한국 사회의 가구 구조는 크게 변화했다. 한때 보편적이었던 4인 가구 중심의 생활은 점차 사라지고 그 자리를 1인 가구가 빠르게 채우고 있다. 2024년 기준 1인 가구는 전체 가구의 약 30%에서 많게는 36% 이상을 차지하며 더 이상 예외가 아닌 한국 사회의 새로운 표준 즉 '뉴노멀'로 자리 잡았다. 그러나 1인 가구의 증가는 밝은 변화만을 의미하지 않는다. 여러 연구에 따르면 1인 가구는 고령 여성 중심에서 청년과 중장년층으로 확산되며 연령과 성별 구성이 다양해졌지만, 고용·소득·자산·주거 등 삶의 기반은 다인 가구에 비해 불안정한 경우가 많다. 특히 무직이나 비경제활동 상태에 놓인 비율이 높고, 소득과 자산의 하위 구간에 집중되어 있으며, 월세 거주 비중도 커 주거 부담이 크다. 혼자 사는 자유만큼, 혼자 감당해야 할 위험도 커진 셈이다.

경제적 문제와 함께 더욱 심각한 것은 정서적 고립이다. 세계보건기구(WHO)는 외로움과 사회적 고립을 우울과 질병, 조기 사망 위험을 높이는 공중 보건의 위협으로 지적한다. 한국에서도 고독사 문제는 꾸준히 증가하고 있으며, 최근에는 노년층뿐 아니라 청년층에서도 고독사가 나타나 사회적 과제로 떠오르고 있다. 이는 1인 가구 문제가 개인의 선택을 넘어 사회 전체가 함께 고민해야 할 구조적 문제임을 보여 준다.

이러한 상황에서 주목할 것은 '새로운 공동체'의 가능성이다. 경기도 용인의 '지구별작은도서관'에서 운영된 1인 가구 공동체 모임 사례는 이를 잘 보여 준다. 함께 식사하고, 취미 활동을 하며, 일상을 나누는 이 모임은 단순한 친목을 넘어 서로를 돌보는 관계의 안전망으로 기능했다. 실제로 갑작스러운 사고나 질병 상황에서 공동체 구성원들의 도움을 받았다는 경험은, 혼자 사는 삶 속에서도 관계가 얼마나 중요한지를 보여 준다.

최근 연구 역시 지역 공동체 활동이 소속감과 정서적 안정, 삶의 만족도를 높이는 데 긍정적인 영향을 미친다고 보고한다. 특히 주목할 점은 이러한 공동체가 반드시 강한 결속을 요구하지 않는다는 것이다. 필요할 때 연결되고, 평소에는 부담이 적은 '느슨한 관계'가 오히려 1인 가구에게 적합한 방식일 수 있다. 온라인과 오프라인을 넘나드는 유연한 공동체 역시 중요한 대안으로 떠오르고 있다.

　비혼을 선택한 개인들이 스스로 공동체를 조직하는 흐름도 같은 맥락이다. 결혼과 혈연 중심의 가족 모델에서 벗어나, 삶을 함께 나누는 관계를 새롭게 구성하려는 시도가 늘어나고 있다. 이는 가족이 사라지는 것이 아니라, 가족과 관계의 범위가 확장되고 재구성되고 있음을 의미한다.

　1인 가구 1천만 시대는 한국 사회가 관계를 다시 설계해야 할 시점임을 말해 준다. 혼자여도 외롭지 않고, 함께여도 강요받지 않는 사회를 만들기 위해서는 제도적 지원과 더불어 관계를 이어 주는 문화적 상상력이 필요하다. 이제 1인 가구의 증가는 문제가 아니라, 새로운 사회를 만들어 갈 출발점이 되어야 한다.

1. 최근 10여 년 동안 한국 사회의 가구 구조 변화에 대한 설명으로 가장 알맞은 것은 무엇입니까?

① 가구 구조는 거의 변화 없이 유지되고 있다.

② 4인 가구가 다시 증가하는 추세를 보이고 있다.

③ 1인 가구가 빠르게 증가하며 새로운 표준이 되었다.

④ 1인 가구는 여전히 예외적인 가구 형태로 남아 있다.

2. 세계보건기구(WHO)가 외로움과 사회적 고립을 문제로 지적한 이유로 알맞은 것은 무엇입니까?

① 외로움이 사회적 경쟁을 심화시키기 때문이다

② 외로움이 개인의 감정에만 영향을 미치기 때문이다.

③ 외로움이 경제 성장에 직접적인 영향을 주기 때문이다.

④ 외로움이 건강과 생명에 부정적인 영향을 줄 수 있기 때문이다.

3. '지구별 작은 도서관'의 공동체 모임은 어떤 역할을 했습니까?

4. '관계를 다시 설계해야 한다'는 말은 무엇을 의미합니까?

읽고 · 정리하기

1. 각 문단에서 중요한 키워드를 2-3개를 찾아 쓰십시오.

문단	핵심 키워드
1문단	1인 가구 증가 / 뉴노멀 / 가구 구조
2문단	삶의 불안정
3문단	
4문단	
5문단	
6문단	

2. 다음 빈 칸에 들어갈 알맞은 내용을 쓰십시오.

1문단:

이 문단에서는 한국 사회에서 ________________________ 변화가 나타났음을 설명한다.

2문단:

이 변화로 인해 ________________________ 문제가 심각해졌다고 말한다.

3문단:

이를 해결하는 대안으로 ________________________ 사례를 소개한다.

4문단:

글쓴이는 특히 ________________________ 형태의 공동체가 필요하다고 본다.

5문단:

이는 가족과 관계의 개념이 ________________________ 있음을 의미한다.

6문단:

결국 글은 ________________________ 필요성을 강조하며 마무리된다.

3. 다음 표현을 사용하여 위의 내용을 5-6 문장으로 자신의 말로 요약해 보십시오.

나의 말로 요약하기 – [사용 권장 표현: 먼저 / 그러나 / 따라서 / 이러한 이유로 / 결국]

새로운 공동체 모델 제안하기

※1인 가구 증가라는 사회 현상을 이해하고, 이를 해결할 수 있는 새로운 공동체 모델을 제안해 보십시오.

① 1인 가구가 겪는 문제는 무엇인가요?

아래에서 가장 중요하다고 생각하는 문제 2개를 고르고 이유를 써 보세요.

□ 정서적 고립 　　□ 혼밥·식생활 문제 　□ 아플 때 도움 부족

□ 정보 부족 　　　□ 이웃과의 단절 　　□ 기타: (　　　　　　　　　)

선택 이유 ____

② 우리 주변에는 어떤 공간이나 자원이 있나요? 해당되는 것에 V하세요.

□ 작은도서관 　□ 주민센터 　□ 공원 □ 카페 □ 대학교 / 기숙사 □ 온라인 커뮤니티

□ 기타: (　　　　　　　　)

※ 이 중 공동체 활동에 활용할 수 있는 것은 무엇인가요?

____

③ 공동체 기본 정보

• 공동체 이름:(예: ○○마을 같이밥 / 혼자여도 괜찮아)

____

• 대상 (하나 선택 또는 추가)

□ 청년 1인 가구 　　□ 중·장년 1인 가구 　□ 외국인 1인 가구 □ 기타: (　　　　　　)

④ 공동체 활동 내용

※ 이 공동체에서 할 활동을 3가지 이상 써 보세요.

(예: 같이 밥 먹기 / 산책 모임 / 취미 활동 / 정보 나누기)

____

⑤ 기대효과

※ 이 공동체를 통해 어떤 변화가 생길까요?

____

※뉴스 앵커가 되어 다음의 내용을 뉴스 형식으로 전달해 보십시오

① 도입 멘트 (주제 제시)

안녕하십니까. 오늘은 한국 사회에서 빠르게 증가하고 있는 1인 가구 현상에 대해 전해 드리겠습니다.

② 핵심 내용 요약 (문제·현상)

----

③ 배경 또는 원인

----

④ 의미 또는 전망 (마무리)

이러한 상황 속에서 지역 공동체 활동은 혼자 사는 삶 속에서도 관계를 회복할 수 있는 중요한 대안으로 주목받고 있습니다. 전문가들은 느슨하지만 지속 가능한 공동체를 통해 1인 가구 시대에 맞는 새로운 관계의 형태를 만들어 가야 한다고 말하고 있습니다.

이 문제를 어떻게 해결할 수 있을지 사회적 논의가 필요해 보입니다.

⑤ 뉴스 마무리 인사

지금까지 1인 가구 증가와 새로운 공동체의 필요성에 대해 전해 드렸습니다. 시청해 주셔서 감사합니다.

용어	의미
사회적 안전망	개인이 위기 상황에 놓였을 때 사회가 제공하는 보호 체계
복지 사각지대	제도는 있지만 실제로 지원을 받지 못하는 계층이나 상황
초고령 사회	전체 인구 중 65세 이상이 20% 이상인 사회
생활동반자 관계	혼인·혈연이 아니어도 함께 생활하며 서로를 돌보는 관계
사회적 자본	신뢰, 관계, 네트워크처럼 사회 구성원 간에 형성된 무형의 자원
지역 기반 돌봄	가족이 아닌 지역 공동체 중심으로 이루어지는 돌봄 방식
정서 노동	감정을 관리하고 조절해야 하는 노동
사회적 회복력	사회가 위기 상황에서도 관계와 시스템을 유지·회복하는 능력
개인화 사회	개인의 선택과 책임이 강조되고 공동체의 역할이 약해진 사회
사회적 연결성	개인이 사회와 얼마나 연결되어 있는지를 나타내는 정도

다문화 사회, 함께 사는 길

뉴스 신문

2025년 0월 0일   www.news.co.kr

다문화사회, 이제는 '함께 사는 방식'을 묻다

한국 사회, 이미 다문화 사회로 접어들다

늘어나는 다문화 가정과 유학생, 지역 사회는 어떻게 변하고 있을까?

최근 초등막생 다섯 종 한 엽이 다문화가겅 자녀일 엉도로 다문화사
회록로의 건입은 이미 우리 사회에서 힐실이 탄지 오레나.
학고에는 더화한 해검을 가전 유학생들이 늘이나고 있고, 동에에도

1. 위 기사의 그림에서 알 수 있는 한국 사회의 변화는 무엇인가요?

2. 세계 여러 나라에서 다문화 사회가 확산되고 있는 현상을 여러분이 직접 경험한 사례가 있나요?

1. 통계·사회 변화 관련 어휘

통계	비중
수치	발표
기준	상징적

2. 다문화·가족 관련 어휘

다문화 가정	다문화 출생아
다문화 혼인	결혼 이민자
가족 형성	가족 형태

3. 정책·사회 구조 관련 어휘

정책	확장
정착	연계
전략	대응

4. 교육·지역 사회 관련 어휘

외국인 유학생	지역 사회
지역 정주	지역 소멸
인구 감소	
이주배경 아동·청소년	

※ (   )에 들어갈 알맞은 것을 [보기]에서 골라 쓰십시오.

[보기] 형태 / 비중 / 지역 정주 / 인구감소

1. 다문화 출생아의 _________________ 이/가 증가했다는 점은 인구 구조 변화의 중요한 신호로 해석된다.

2. 결혼 이민자의 증가로 한국 사회의 가족 _________________ 이/가 점차 다양해지고 있다.

3. 정부는 외국인 유학생의 지역_________________ 을/를 유도하는 정책을 추진하고 있다.

4. 출생아 수가 줄어들면서 한국 사회는 심각한 _________________ 문제에 직면하고 있다.

※ (　　　)에 들어갈 가장 알맞은 말을 고르십시오.

1. 다문화 정책은 인구 감소에 (　　　) 위한 장기적 전략의 하나이다.
　　① 정착　　　　　② 연계　　　　　③ 확장　　　　　④ 대응

2. 다문화 사회에 대응하기 위해 교육·복지·고용 정책을 서로 (　　)할 필요가 있다.
　　① 분리　　　　　② 확대　　　　　③ 연계　　　　　④ 대체

3. 다문화 정책은 결혼 이민자 중심에서 자녀 세대로 (　　) 되고 있다.
　　① 제한　　　　　② 고정　　　　　③ 확장　　④ 축소

4. 다문화 사회에 효과적으로 대응하기 위해서는 단기적인 지원이 아니라 장기적인 (　　　)
　　을/를 마련해야 한다.
　　① 제도　　　　　② 대응　　　　　③ 전략　　　　　④ 기준

문법 ① – 에 따르면

  : 자료·통계·사람의 말을 정보의 출처·근거로 제시할 때 사용한다.

- 국가데이터처가 발표한 **통계에 따르면** 지난해 다문화 출생아 수는 증가했습니다.
- 전문가의 **분석에 따르면** 다문화 사회에 대한 인식도 점차 변화하고 있다.

※'-에 따르면' 표현을 사용하여 문장을 완성하십시오.

1. 최근 발표된 (   ) 다문화 가정의 출생아 수는 증가하고 있다. (자료)

2. (   ) 외국인 유학생 수는 해마다 늘고 있는 추세다. (교육부 발표)

문법 ② – 에 달려 있다

  : 어떤 결과나 미래가 특정 조건이나 선택에 의해 결정됨을 나타내는 표현이다.

- 다문화 사회의 핵심은 관계와 공존의 방식을 어떻게 설계하느냐**에 달려 있습니다.**
- 지역 사회의 지속 가능성은 주민들의 참여**에 달려 있다.**

※'-에 달려 있다' 표현을 사용하여 문장을 완성하십시오.

1. 다문화 사회의 안정적인 정착은 지역 사회의 _________________________ .
                                    (지원)

2. 앞으로의 사회 통합은 서로를 이해하려는 _________________________ .
                                    (의지)

[인터뷰] 코로나 이후 다문화 가족 회복… '정착과 공존'이 과제

기자 : 코로나19 이후 다문화 사회의 변화가 다시 주목받고 있습니다. 최근 발표된 통계의 의미를 어떻게 보십니까?

전문가 : 국가데이터처가 발표한 「2024년 다문화 인구 동태 통계」에 따르면, 지난해 다문화 가정에서 태어난 출생아 수는 1만 3천416명으로 전년 대비 10.4% 증가했습니다. 이는 2012년 이후 12년 만의 증가로, 상징적인 변화라고 볼 수 있습니다. 다문화 혼인 역시 2만 1천450건으로 2019년 이후 가장 높은 수치를 기록했고, 이혼은 오히려 감소했습니다. 코로나19로 위축되었던 혼인과 가족 형성이 다시 회복 국면에 들어섰다고 해석할 수 있습니다.

기자 : 이러한 변화가 한국 사회에 어떤 의미를 가지는지 궁금합니다.

전문가 : 다문화 가정은 더 이상 소수의 문제가 아닙니다. 전체 출생아 중 다문화 출생이 차지하는 비중은 5.6%로, 2년 연속 증가했습니다. 이는 한국 사회의 인구 구조와 가족 형태가 점점 더 다양해지고 있음을 보여 줍니다. 특히 결혼 이민자 중심이었던 다문화 정책이 이제는 다문화 자녀 세대의 성장과 정착으로 확장될 필요가 있습니다.

기자 : 교육 현장과 지역 사회의 역할도 중요해 보입니다.

전문가 : 맞습니다. 외국인 유학생과 이주배경 아동·청소년 수가 꾸준히 늘어나면서, 대학과 지역 사회는 다문화·이민 사회를 준비해야 하는 단계에 들어섰습니다. 최근 대학과 학계에서는 이민·다문화·유학생 정책을 연계해 지역 정주를 유도하려는 논의가 활발합니다. 이는 단순한 지원을 넘어, 지역 소멸과 인구 감소 문제를 해결하기 위한 전략이기도 합니다.

기자 : 앞으로 가장 필요한 과제는 무엇이라고 보십니까?

전문가 : 이제 다문화 사회는 '관리의 대상'이 아니라 '함께 살아가는 구성원'의 문제로 접근해야 합니다. 교육, 노동, 돌봄, 치안 등 일상의 영역에서 내·외국인이 자연스럽게 연결될 수 있는 지역 기반 정책이 중요합니다. 다문화 사회의 핵심은 숫자의 증가가 아니라, 관계와 공존의 방식을 어떻게 설계하느냐에 달려 있습니다.

1. 다음 중 기사에서 언급된 최근 통계 변화로 알맞은 것은 무엇입니까?

① 다문화 가정의 출생아 수와 혼인 건수가 모두 감소했다.
② 다문화 출생아 수는 늘었지만, 혼인과 이혼은 모두 줄었다.
③ 다문화 출생아 수는 증가했으나 혼인 건수는 변화가 없었다.
④ 다문화 출생아 수와 혼인 건수는 증가했고, 이혼은 감소했다.

2. 전문가가 말한 다문화 정책의 변화 방향으로 가장 알맞은 것은 무엇입니까?

① 다문화 가정을 일시적인 사회 현상으로 보고 관리해야 한다.
② 외국인 유학생 정책과 다문화 정책은 분리해서 운영해야 한다.
③ 다문화 자녀 세대의 성장과 지역 정착까지 정책을 넓혀야 한다.
④ 결혼 이민자 지원을 축소하고 출생 통계를 중심으로 관리해야 한다.

3. 전문가에 따르면, 최근 다문화 출생아 수 증가가 '상징적인 변화'라고 평가되는 이유는 무엇입니까?

4. 기사에서 말하는 '다문화 사회의 핵심 과제'는 무엇입니까?

1. 각 문단에서 중요한 키워드를 2-3개를 찾아 쓰십시오.

문단	핵심 키워드
1문단	다문화 출생아 증가/ 인구 구조 변화
2문단	가족 형태 다양화/
3문단	
4문단	
5문단	

2. 다음 빈 칸에 들어갈 알맞은 내용을 쓰십시오.

1문단:

코로나19 이후 다문화 출생아와 혼인이 증가하면서, 한국 사회의 ＿＿＿＿＿＿＿＿가 다시 변화 국면에 들어섰다.

2문단:

다문화 가정은 더 이상 소수가 아니라, 한국 사회의 ＿＿＿＿＿＿＿ 와 ＿＿＿＿＿＿＿ 가 다양해지고 있음을 보여 주는 존재이다.

3문단:

＿＿＿＿＿＿＿＿＿＿＿＿＿＿＿＿＿＿＿＿＿＿＿＿＿＿＿＿＿＿＿＿＿＿＿＿＿＿

4문단:

이민·다문화·유학생 정책을 연계해 ＿＿＿＿＿＿＿를 유도하는 것은 지역 소멸과 인구 감소에 대응하기 위한 중요한 전략이다.

5문단:

＿＿＿＿＿＿＿＿＿＿＿＿＿＿＿＿＿＿＿＿＿＿＿＿＿＿＿＿＿＿＿＿＿＿＿＿＿＿

3. 다음 표현을 사용하여 위의 내용을 5-6 문장으로 자신의 말로 요약해 보십시오.

나의 말로 요약하기 - [사용 권장 표현: 먼저 / 이제 / 이러한 변화로 / 이에 따라 / 결국]

※「미니다큐 제작 프로젝트」만들기

※「미니다큐 제작 프로젝트」만들기 — 사람의 이야기로 다문화 사회를 기록하다 —

① 다큐 기획 단계

• 주제 선택

☐ 다문화 학생의 하루   ☐ 외국인 유학생의 한국 생활

☐ 다문화 가족이 사는 동네   ☐ 결혼 이민자의 일상

"왜 이 이야기를 찍는가?"가 분명해야 함

② 영상 구성 틀

• 도입 (20~30초) - 화면: 장소 / 인물 -내레이션 또는 자막

• 인터뷰 (1~1.5분) -질문 3~4개 / -말하기 중심

• 의미·마무리 (30초) -느낀 점 / 사회적 의미 한 문장

③ 인터뷰 질문

예) 한국에 온 계기는?

    가장 힘든 점은?

    이곳에서의 삶은 어떤 의미인가요?

④ 촬영 & 스크립트

⑤ 미니다큐 상영회 리뷰가 달라지는 이유는 무엇이라고 생각합니까?

※ "다문화 사회에서 '뉴스가 될 만한 장면'은 무엇일까?" 관련된 주제로 카드뉴스를 만들어 말해 봅시다.

카드 뉴스 기본 틀

 사용 가능 도구 : Canva / PPT / Google Slides / 손그림 후 사진

카드	기능	질문
1	제목	이 뉴스는 무엇에 대한 것인가?
2	현상	지금 어떤 일이 일어나고 있는가?
3	배경	왜 이런 현상이 나타났는가?
4	의미	우리 사회에 어떤 의미가 있는가?
5	전망	앞으로 무엇이 중요해질까?

시사 용어 더하기

용어	의미
이민사회 전환기	한 사회가 단일 민족 중심에서 이민자와 함께 살아가는 사회로 바뀌는 시기
문화적 다양성	서로 다른 언어·문화·생활방식이 함께 존재하는 상태
사회적 포용	국적이나 배경과 상관없이 모두를 사회의 구성원으로 받아들이는 태도
정주 여건	사람들이 한 지역에 안정적으로 살 수 있도록 마련된 생활 조건
언어 장벽	언어가 달라 의사소통에 어려움을 느끼는 문제
문화 적응	새로운 사회의 문화와 생활방식에 익숙해지는 과정
상호문화 이해	서로 다른 문화의 차이를 알고 존중하며 이해하는 태도
다문화 감수성	다문화 사회에서 차별이나 편견 없이 상황을 이해하는 능력
생활 밀착형 정책	주거·교육·의료 등 일상생활에 직접 도움이 되는 정책
사회적 배제	특정 집단이 사회 참여에서 소외되는 현상

AI 시대, 일자리의 미래

사설 신문

2024년 무림 최월 ☀ 22℃

2024년 4월 30일 제9호 4567

AI 전환, 노동시장에 어떤 파장을 미칠까?

기술 발전과 일자리 변화, 위기인가 기회인가

일자리 대체 공포, 현실로

새로운 일자리, 전환의 기회로

AI 시대, 무엇을 준비해야 하나

- 일성역량과 재고육 활대
- AI 리터러시 교울 강학
- 느를시엄 반책성 체고

---

1. 이 신문이 말하는 AI 전환은 우리의 일과 삶에 어떤 변화를 예고하고 있을까요?

2. AI 시대에 여러분이 앞으로 준비해야 한다고 생각하는 능력이나 태도는 무엇입니까?

1. AI·기술 변화 관련 어휘

인공지능(AI)	자동화
생산성	기술 확산
시스템	협업

2. 노동·일자리 관련 어휘

채용	직업군
사무직	전문직
단순 반복 업무	직무

3. 교육·역량·미래 대비 관련 어휘

AI 리터러시	평생학습
요구되다	가치
창출하다	재정의하다

4. 관점·의미·판단 표현 어휘

전망하다	기대하다
두려워하다	낙관하다
신중하다	시점

어휘   확인하기 1

※( )에 들어갈 알맞은 것을 [보기]에서 골라 쓰십시오.

[보기] 노동시장/ 생산성/ 직업군/ 시스템

1. 기업들은 새로운 기술에 맞는 ___________________ 을/를 새롭게 만들고 있다.

2. AI 기술이 발전하면서 단순 업무가 줄어들고 있다. 그 결과 새로운 ___________________ 이/가 등장하고 있다.

3. AI 기술 발전으로 ___________________ 의 구조가 빠르게 변화하고 있다.

4. 인공지능은 반복적인 작업을 자동화함으로써 기업의 ___________________을/를 크게 향상시키고 있다.

※( )에 들어갈 가장 알맞은 말을 고르십시오.

1. 전문가들은 AI가 새로운 일자리를 ( ) 것이라고 보고 있다.
   ① 창출할   ② 요구할   ③ 두려워할   ④ 재정의할

2. AI 시대에는 단순 기술 습득보다 문제 해결 능력이 더 ( ).
   ① 요구되다   ② 전망하다   ③ 선택하다   ④ 신중하다

3. AI 도입으로 생산성이 향상될 것이라는 ( )도 존재하지만, 불안 역시 크다.
   ① 두려움   ② 기대   ③ 요구   ④ 시점

4. AI 기술과 산업 구조가 빠르게 변화하는 사회에서는 한 번 배운 지식에 머무르지 않고 지속
   적으로 배우는 ( )의 중요성이 커지고 있다.
   ① 직업 안정   ② 인적 자원   ③ 평생학습   ④ 사회 통합

문법 ① -에 의해

: 어떤 행동이나 변화의 원인·주체를 객관적으로 나타낼 때 사용하고, 주로 공식적·서면체, 뉴스·보고서·칼럼에서 많이 쓴다.

- AI 기술의 발전**에 의해** 기존의 직무 구조가 빠르게 변화하고 있다.
- 전 노동 시장의 재편은 기술 혁신**에 의해** 불가피하게 진행되고 있다.

※ '-에 의해' 표현을 사용하여 문장을 완성하십시오.

1. 자동화 확산은 인공지능 기술의 _______________ 가속화 되고 있다.

(발전)

2. 일부 직업은 로봇 _______________ 점차 사라지고 있다.

(도입)

문법 ② - 을/를 통해

: 수단이나 방법, 과정을 나타낼 때 사용한다.

- 근로자들은 재교육 프로그램**을 통해** 새로운 직무로 전환하고 있다.
- 기업은 AI 협업 시스템**을 통해** 업무 효율성을 높이고 있다.

※ '-을/를 통해' 표현을 사용하여 문장을 완성하십시오.

1. 정부는 _______________ 노동시장의 충격을 완화하려 하고 있다.

(정책 지원)

2. 기업은 자동화 시스템 _______________ 업무 효율을 높였다.

(활용)

[기획기사] 「AI 전환, 노동시장의 위기인가 기회인가」

인공지능(AI) 전환이 노동시장에 미칠 영향에 대한 관심이 커지고 있다. AI가 생산성을 높이는 도구로 자리 잡을 것이라는 기대와, 인간의 일자리가 대체될 수 있다는 불안이 동시에 제기되고 있다. 기술 발전은 언제나 사회에 편리함과 혼란을 함께 가져왔다. 중요한 것은 기술 그 자체보다 기술 변화에 의해 나타나는 일자리 변화를 사회가 어떻게 관리하느냐이다. AI 기술 확산에 의해 노동시장의 충격은 이미 현실이 되고 있다. 최근 연구에 따르면 자동화 가능성이 높은 직업군에 속한 취업자 비중이 절반을 넘는 것으로 나타났다. 단순 반복 업무뿐 아니라 사무직과 일부 전문직도 AI 기술의 영향을 받을 가능성이 크다. 특히 학력과 소득 수준이 낮을수록 일자리 대체 위험이 높다는 점은 AI 전환으로 인해 사회적 불평등이 심화될 수 있음을 보여 준다. 기술 발전이 모든 사람에게 동일한 기회를 제공하지는 않는다는 점에서 신중한 접근이 필요하다.

그러나 AI 전환이 곧 일자리의 소멸만을 의미하는 것은 아니다. 세계경제포럼은 AI 기술 도입으로 인해 사라지는 일자리보다 새롭게 창출되는 일자리가 더 많을 것이라고 전망한다. 실제 산업 현장에서도 단순 업무는 줄어드는 대신, 자동화 시스템을 관리하거나 AI와 협업하는 역할의 중요성이 커지고 있다. 문제는 일자리의 수가 아니라 기술 변화로 인해 노동자가 새로운 역할로 이동할 수 있는 조건이 마련되어 있는가이다.

이러한 상황에서 노동시장의 유연성이 중요한 해법으로 제시된다. 변화가 불가피하다면 해고에 의존하기보다, 재교육과 직무 전환을 통해 노동자가 새로운 환경에 적응하도록 돕는 것이 바람직하다. AI 리터러시 교육과 평생학습 체계는 선택이 아닌 필수가 되고 있다. AI와 경쟁하는 노동이 아니라 AI와의 협업을 통해 새로운 가치를 만들어 내는 노동으로의 전환이 요구된다.

AI 시대의 일자리는 기술의 문제가 아니라 사회의 선택에 달려 있다. AI 기술에 의해 변화하는 환경 속에서 어떤 제도와 정책을 마련하느냐에 따라 위기는 기회가 될 수 있다. 기술을 두려워하거나 맹목적으로 낙관하기보다 인간의 역할을 재정의하고 변화를 관리하려는 사회적 상상력이 필요한 시점이다.

1. 다음 중 글의 내용과 일치하지 <u>않는</u> 것은 무엇입니까?

① AI 전환은 모든 계층에게 동일한 기회를 제공한다고 볼 수 있다.
② 학력과 소득 수준이 낮을수록 AI로 인한 일자리 대체 위험이 높다.
③ AI 기술 확산으로 단순 반복 업무뿐 아니라 사무직도 영향을 받을 수 있다.
④ 자동화 가능성이 높은 직업군의 취업자 비중이 높다는 연구 결과가 제시되었다.

2. 세계경제포럼(WEF)의 전망에 대한 설명으로 가장 알맞은 것은 무엇입니까?

① AI 기술로 인해 기존 직업 상당수가 사라질 것이라고 보았다.
② AI 확산이 노동시장을 심각한 위기로 만들 수 있다고 지적했다.
③ AI 전환은 고용 불안을 장기적으로 확대할 수 있다고 분석했다.
④ AI로 감소하는 일자리보다 새로 생기는 일자리가 더 많을 것으로 보았다.

3. 글에서 말하는 '노동시장의 유연성'의 의미로 가장 알맞은 것은 무엇입니까?

4. AI 시대에 대비해 어떤 능력을 키워야 한다고 생각하는지 그리고 그 이유는 무엇인지 자신의 의견을 써 보십시오.

1. 각 문단에서 중요한 키워드를 2-3개를 찾아 쓰십시오.

문단	핵심 키워드
1문단 – 문제 제시	
2문단 – 원인·현상분석	
3문단 – 반대 관점 제시	
4문단 – 대안 제시	
5문단 – 대안 제시	

2. 다음 빈 칸에 들어갈 알맞은 내용을 쓰십시오.

1문단:

인공지능(AI) 전환이 본격화되면서, 생산성 향상에 대한 기대와 함께 ＿＿＿＿＿에 대한 불안이 동시에 제기되고 있다.

2문단:

AI 기술 확산에 의해 자동화 가능성이 높은 직업군이 늘어나면서, 특히 ＿＿＿＿＿ 계층을 중심으로 사회적 불평등이 심화될 가능성이 나타나고 있다.

3문단:

그러나 ＿＿＿＿＿＿＿＿＿＿＿＿＿＿＿＿＿＿＿＿＿＿＿＿＿＿＿＿＿＿＿＿＿

＿＿＿＿＿＿＿＿＿＿＿＿＿＿＿＿＿＿＿＿＿＿＿＿＿＿＿＿＿＿＿＿＿＿＿

4문단:

그러나 ＿＿＿＿＿＿＿＿＿＿＿＿＿＿＿＿＿＿＿＿＿＿＿＿＿＿＿＿＿＿＿＿＿

＿＿＿＿＿＿＿＿＿＿＿＿＿＿＿＿＿＿＿＿＿＿＿＿＿＿＿＿＿＿＿＿＿＿＿

5문단:

따라서 AI 시대의 일자리는 기술 자체가 아니라, 변화에 대응하기 위한 ＿＿＿＿＿에 달려 있음을 강조하고 있다.

3. 다음 표현을 사용하여 위의 내용을 5-6 문장으로 자신의 말로 요약해 보십시오.

나의 말로 요약하기 – [사용 권장 표현: 오늘날 / 한편 / 이러한 변화로 인해 /이제는]

＿＿＿＿＿＿＿＿＿＿＿＿＿＿＿＿＿＿＿＿＿＿＿＿＿＿＿＿＿＿＿＿＿＿＿＿＿＿＿

＿＿＿＿＿＿＿＿＿＿＿＿＿＿＿＿＿＿＿＿＿＿＿＿＿＿＿＿＿＿＿＿＿＿＿＿＿＿＿

＿＿＿＿＿＿＿＿＿＿＿＿＿＿＿＿＿＿＿＿＿＿＿＿＿＿＿＿＿＿＿＿＿＿＿＿＿＿＿

＿＿＿＿＿＿＿＿＿＿＿＿＿＿＿＿＿＿＿＿＿＿＿＿＿＿＿＿＿＿＿＿＿＿＿＿＿＿＿

적용 하기 「나의 미니 칼럼 말하기」

※「나의 미니 칼럼 말하기」이 칼럼의 내용을 바탕으로 'AI 시대에 내가 준비해야 할 한 가지'를 1분 말하기 해 보십시오.

1) 말하기 주제 정하기

• AI 시대에 내가 준비해야 할 한 가지는 무엇인가요?아래에서 하나를 고르거나 직접 써도 됩니다.

☐ AI 리터러시   ☐ 평생학습   ☐ 새로운 직무 능력   ☐ 변화에 대한 태도

☐ 기타: _______________________

2) 1분 말하기 구성 메모

① 도입: 문제 제시 (약 15초)

요즘 AI 시대에 어떤 변화가 있다고 생각하나요?

본문: 칼럼 내용 연결 (약 20초)

읽은 칼럼에서는 이 문제를 어떻게 말했나요?

② 나의 생각: 내가 준비해야 할 한 가지 (약 15초)

그래서 나는 무엇을 준비해야 한다고 생각하나요?

③ 마무리: 이유 또는 다짐 (약 10초)

왜 그것이 중요하다고 생각하나요?

3) 발표하기

※여러분은 라디오 뉴스 프로그램의 ① 진행자(앵커) 또는 ② 출연자(전문가 / 시민)
가 되어 AI 시대의 일자리 변화에 대해 대화 형식으로 말하기를 해 보십시오.

1. 역할 정하기

2. 주제 확인 -이번 라디오 뉴스의 핵심 주제는 무엇인가요?

□ AI 전환과 일자리 변화 　　　　　□ AI로 인한 불안과 기회

□ 재교육과 평생학습의 필요성 　　　□ AI와 인간의 협업

□ 기타: ____

3. 역할별 말하기 준비

A. 진행자(앵커) 준비

① 오프닝 멘트 (도입) _______________________________________

② 질문 1 (문제·현상) ______________________________________

③ 질문 2 (의미·전망) ______________________________________

④ 마무리 멘트

B. 출연자(전문가 / 시민) 준비

① 질문 1에 대한 답변 (현상 설명) ______________________________

② 질문 2에 대한 답변 (의미·해결 방향) __________________________

③ 개인 의견 또는 조언 (선택) ________________________________

용어	의미
디지털 전환	AI, 빅데이터, 자동화 기술을 활용해 산업과 업무 방식을 바꾸는 과정
노동 유연화	고용·근무 형태를 탄력적으로 바꾸는 정책 방향
직무 중심 고용	직업이 아니라 '업무 내용' 중심으로 고용하는 방식
인적 자본	개인의 능력·기술·경험을 경제적 자원으로 본 개념
미래 인재	AI·디지털 환경에 적응할 수 있는 인력
문화 적응	새로운 사회의 문화와 생활방식에 익숙해지는 과정
기술 주도 성장	기술 혁신을 중심으로 한 경제 성장 모델
생산가능인구 감소	일할 수 있는 인구가 줄어드는 현상
자동화 리스크	자동화로 인한 일자리 위험
기술 윤리	기술사용에 따른 윤리적 기준

스마트 시대의 개인 정보 보호

1. 뉴스의 배경 그림은 무엇을 상징하는 것 같나요?

2. 여러분의 개인정보가 유출되는 경험을 한 적이 있나요? 그런 피해를 막기 위해 어떻게 대비하고 있습니까?

1. 기술·스마트 환경 관련 어휘

사물인터넷(IoT) 온라인 서비스
스마트 기기   자동 수집
데이터 활용   디지털 환경

2. 개인정보·보안 관련 어휘

개인정보 보호   사생활 침해
신원 도용   정보 유출
보안 프로그램   개인정보 처리

3. 위험·문제 인식 관련 어휘

한계   피해
침해   혼란
주의   점검

4. 법·제도·정책 관련 어휘

제도 개선   개인정보 보호법
기준   규정
신고 센터   법적 체계

어휘   확인하기 1

※다음 어휘를 알맞은 설명과 연결하십시오.

1. 컴퓨터, 스마트폰, 인터넷 등이 중심이 되는 기술 기반 사회 환경 •   • 사물인터넷(IoT)

2. 사용자가 직접 입력하지 않아도 시스템이 정보를 스스로 모으는 것 •   • 데이터 활용

3. 수집된 정보를 분석하거나 서비스 개선에 사용하는 것 •   • 자동 수집

4. 인터넷을 통해 다양한 기기들이 서로 연결되어 정보를 주고받는 기술 •   • 디지털 환경

어휘   확인하기 2

※(　　　)에 들어갈 가장 알맞은 말을 고르십시오.

1. 스마트 기기 사용이 늘어나면서 개인 정보가 외부로 노출되는 __________ 사고가 자주 발생하고 있다.

　① 신원 도   ② 정보 유출   ③ 법적 체계   ④ 신고 센터

2. 기술 발전 속도가 너무 빨라 개인이 자신의 정보를 완전히 통제하는 데 __________ 이/가 있다는 지적이 나온다.

　① 피해   ② 혼란   ③ 한계   ④ 침해

3. 개인 정보 사고를 예방하기 위해 백신 설치와 같은 __________ 사용이 필수적이다.

　① 기준   ② 규정   ③ 신고 센터   ④ 보안 프로그램

4. 기술 환경 변화에 맞춰 관련 법과 __________ 이/가 필요하다는 목소리가 커지고 있다.

　① 실태 파악   ② 현황 분석   ③ 제도 개선   ④ 자동 수집

문법 ① -는 가운데

  : 어떤 상황이나 변화가 계속되고 있는 상태에서 다른 일이 동시에 일어나거나 그 상황

  을 배경으로 다음 내용이 이어질 때 사용한다.

- 스마트 기술이 빠르게 발전하**는 가운데** 개인정보 침해 위험도 함께 커지고 있다.
- 온라인 서비스 이용이 늘어나**는 가운데** 개인정보 보호에 대한 관심도 높아지고 있다.

※ ' **-는 가운데**' 문법을 사용하여 두 문장을 한 문장으로 완성하십시오.

1. 스마트 기술이 빠르게 발전하고 있다. / 개인정보 침해 위험도 함께 커지고 있다.

----

2. 온라인 서비스 이용이 계속 증가하고 있다. / 개인정보 보호에 대한 사회적 관심도 높아
지고 있다.

문법 ② -다는 점에서

  : 앞의 사실이나 이유를 근거로 어떤 평가나 의미를 설명할 때 사용한다.

- 개인정보 보호는 기술 발전의 속도가 빠르다는 **점에서** 더욱 어려운 과제로 떠오르고 있다.
- AI 기술은 편리함을 제공한다는 **점에서** 긍정적인 평가를 받고 있다.

※ '**-다는 점에서**' 문법을 사용하여 두 문장을 한 문장으로 완성하십시오.

1. 개인정보 보호 문제는 개인의 일상과 밀접하다. / 사회 전체의 관심이 필요하다.

----

2. AI 기술은 많은 데이터를 필요로 한다. / 개인정보 보호가 중요한 과제가 된다.

[기획·특집] 스마트 시대, 개인정보 보호가 새로운 사회 과제로 떠오르다

스마트 기술과 인공지능이 빠르게 확산되면서 개인정보 보호에 대한 사회적 관심이 높아지고 있다. 스마트폰, 인공지능 서비스, 사물인터넷 기기 등이 일상 깊숙이 자리 잡으면서, 개인의 정보가 언제 어디서 어떻게 수집·활용되는지에 대한 우려도 커지고 있다. 기술 발전이 가속화되는 가운데, 개인정보 통제의 한계와 이에 따른 위험이 동시에 제기되고 있다.

전문가들은 방대한 데이터 활용이 사생활 침해, 신원 도용, 재정적 피해로 이어질 가능성이 크다고 지적한다. 특히 스마트 기기와 온라인 서비스는 사용자가 인식하지 못하는 사이 자동으로 데이터를 수집하고 공유하는 경우가 많다. 이러한 환경에서는 단순한 편리함 이면에 개인정보 유출 위험이 상존하게 된다.

AI 기술의 발전은 개인정보 보호 문제를 더욱 복잡하게 만들고 있다. 인공지능은 대량의 학습 데이터를 필요로 하며, 이 과정에서 개인 정보가 활용될 가능성이 높다. 따라서 데이터 활용과 보호 사이의 균형을 어떻게 맞출 것인지가 중요한 과제로 떠오르고 있다. 전문가들은 AI 기술이 사회 전반에 미치는 영향이 큰 만큼, 개인정보 보호는 기술 문제를 넘어 사회적 신뢰와 직결된다는 점에서 더욱 신중한 접근이 필요하다고 강조한다.

법적·제도적 측면에서도 과제가 적지 않다. 기존 개인정보 보호 제도는 빠르게 변화하는 기술 환경을 충분히 반영하지 못하고 있으며, 국가별 법 제도의 차이로 인해 글로벌 서비스 이용 과정에서 혼란이 발생하기도 한다. 이에 따라 개인정보 보호 정책을 현실에 맞게 개선해야 한다는 목소리가 커지고 있다.

개인 차원의 실천도 중요하다. 전문가들은 안전한 비밀번호 사용, 불필요한 개인정보 제공 자제, 출처가 불분명한 링크 주의, 보안 프로그램 업데이트 등을 기본적인 보호 수칙으로 제시한다. 또한 SNS에 개인 정보나 위치 정보가 드러나는 게시물을 올릴 때는 공개 범위를 신중히 설정해야 한다고 조언한다.

한편, 개인정보 침해 피해가 발생한 경우에는 관련 기관을 통해 도움을 받을 수 있다. 우리나라는 「개인정보 보호법」을 통해 개인정보 처리와 보호에 관한 기준을 마련하고 있으며, 개인정보 침해 신고 센터 등을 통해 피해 구제 절차를 운영하고 있다.

전문가들은 스마트 시대의 개인정보 보호가 개인의 주의에만 맡겨질 문제가 아니라고 지적한다. 기술 발전에 따른 위험을 관리하기 위해서는 제도 개선과 사회적 합의가 함께 이루어져야 한다는 것이다. 개인정보 보호는 편리함을 포기하자는 문제가 아니라, 기술과 안전이 공존하는 방향을 어떻게 설계할 것인가에 대한 사회적 선택의 문제로 남아 있다.

1. 스마트 시대 개인정보 보호 문제가 커진 주된 이유로 가장 알맞은 것은 무엇입니까?

① 스마트 기기의 가격이 낮아졌기 때문이다.
② 개인 정보 수집이 법적으로 전면 금지되었기 때문이다.
③ 기술 발전으로 데이터 수집·활용이 일상화되었기 때문이다.
④ 사람들이 온라인 서비스를 사용하지 않게 되었기 때문이다.

2. 글의 내용으로 보아 전문가들의 주장으로 가장 알맞은 것은 무엇입니까?

① 개인정보 보호는 개인의 선택 문제일 뿐이다.
② AI 기술은 개인정보와 크게 무관하다고 본다.
③ 기술 발전을 멈추는 것이 해결책이라고 본다.
④ 개인정보 보호는 사회적 신뢰와 직결된 문제다.

3. AI 기술의 발전이 개인정보 보호 문제를 더 복잡하게 만드는 이유는 무엇입니까?

4. 글에서 제시한 개인 차원의 개인정보 보호 실천 방법을 두 가지 쓰십시오.

1. 각 문단에서 중요한 키워드를 2-3개를 찾아 쓰십시오.

문단	핵심 키워드
1문단 - 문제 제기	보이는 맛의 시대, SNS
2문단 - 주요 위험	인지도,
3문단 - 원인	
4문단 - 개인의 대응	
5문단 - 사회제도의 역할	

2. 다음 빈 칸에 들어갈 알맞은 내용을 쓰십시오.

문단별 요약

1문단:

2문단:

3문단:

4문단:

5문단:

----

3. 다음 표현을 사용하여 위의 내용을 5-6 문장으로 자신의 말로 요약해 보십시오.

나의 말로 요약하기

 개인정보 보호 브로셔 만들기

※개인정보 보호에 관한 브로셔를 만들어 보십시오.

1. 브로셔 내용 작성하기

▶ 제목 정하기 (Headline) - 👉 눈에 띄는 문장으로 쓰세요.

제목: ____

▶ 위험 상황 제시 (What?) - 아래에서 **2~3개 선택하여** 문장으로 쓰세요.

□ 공공 와이파이 사용   □ 출처 불명 링크 클릭

□ SNS 위치 정보 공개   □ 약한 비밀번호 사용

문장 작성: 1. _______________________________

　　　　　　2. _______________________________

▶ 개인정보 보호 수칙

비밀번호는 _____________________________________ .

개인정보 제공은 _________________________________ .

출처가 불분명한 링크는 ___________________________ .

SNS에 올리는 정보는 _____________________________ .

2. 시각 자료 계획하기

✓ 브로셔에 넣을 그림이나 아이콘을 표시하세요.

□ 자물쇠 □ 스마트폰 □ 경고 표시 □ 사람 아이콘 □ 기타: _______________

3. 발표하기

※ '개인정보를 지키는 방법'을 주제로 공익광고 내레이션을 만들어 말해 보십시오.

주제: 스마트 시대, 개인정보를 지키는 방법

활동 형태: □ 개인□ 2인□ 3~4인 영상 길이: □ 30초 □ 45초 □ 1분

1. 주제 선택하기 -. 광고 주제 정하기 (1개 선택)

　　□ 약한 비밀번호 사용의 위험　　　□ SNS 개인정보 공개 문제

　　□ 출처 불명 링크 클릭 위험　　　　□ 공공 와이파이 사용 주의

　　□ 기타: ____________________________________

2. 전달하고 싶은 핵심 메시지 (한 문장)

3. 상황 설정하기 (스토리 구상)

4. 영상 구성 (3단 구조)

　①1) 문제 제시 (도입)　2) 위험 설명 (전개)　3) 해결·메시지 (마무리)

5. 대본 작성 -장면별 대사 또는 자막

6. 시각, 음향 효과

　　□ 경고음 □자막 강조□ 멈춤 화면□ 아이콘/이모지□ 기타: ____________________.

용어	의미
데이터 주권	개인이 자신의 개인정보를 어떻게 사용·관리할지 스스로 결정할 권리를 의미한다.
딥페이크 범죄	AI 기술로 얼굴·음성을 조작해 허위 영상이나 음성을 만드는 범죄로, 사생활 침해 문제가 크다.
디지털 성범죄	온라인 공간에서 불법 촬영물 유포, 합성 영상 제작 등으로 개인의 권리를 침해하는 범죄를 말한다.
알고리즘 투명성	AI가 어떤 기준과 방식으로 판단했는지를 공개해야 한다는 요구로, 공정성과 신뢰 문제와 연결된다.
개인정보 자기결정권	A개인이 자신의 정보 제공 여부와 활용 범위를 선택할 수 있는 권리로, 헌법적 권리로 논의되고 있다.
사이버 보안 위협	해킹, 정보 유출, 랜섬웨어 등 디지털 환경에서 발생하는 각종 보안 위험을 통칭하는 용어이다.
AI 규제 프레임워크	AI 기술 활용을 관리하기 위해 정부가 마련하는 법·제도적 기준과 규칙을 의미한다.
위치정보 추적	스마트폰·앱 등을 통해 개인의 이동 경로가 지속적으로 수집·활용되는 현상을 말한다.
디지털 발자국	온라인에서 남긴 검색 기록, SNS 활동, 위치 정보 등 개인의 흔적을 의미한다.
정보 비대칭	기업·플랫폼은 많은 정보를 가지고 있지만, 이용자는 정보 활용 방식을 잘 알지 못하는 상태를 말한다.

우주 탐사, 인류의 과거와 미래를 잇다

사설 신문

2024년 10월 4일 금요일 ☀ 25℃

2024년 10월 4일 금요일 4364

세계 우주 주간과 한국 우주개발의 새로운 방향

스푸트니크 발사 67주년… 한국, '우주개발 2.0' 시대 맞이하다

세계 우주 주간의 의미

한국 우주개발의 새로운 도전

- 우주항공청 출범, 민간 참여 확대
- 재사용 탐사체 개발, 위성산업 육성
- 국제 협력 강화, 우주 외교

통계로 보는 세계 우주

현재 궤도 위성 수 9,200+

우주 쓰레기 3만 6000개

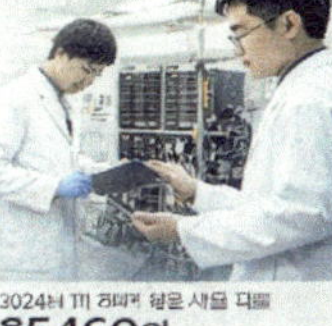

세계 우주 주간의 의미

9,200+ 3만 6000개

우5460억

---

1. 위 기사의 사진에는 어떤 장면들이 등장하고 있나요?

2. 위성 기술이나 우주 기술이 여러분의 일상에 사용되고 있는 예시로는 무엇이 있을까요?

1. 우주 탐사·과학 기술 관

우주 탐사	인공위성
지구 궤도	발사
탐사 대상	우주 쓰레기

2. 정책·제도·국가 전략

우주 정책	국가 전략
중장기 계획	통합 추진
목표	과제

3. 산업·미래 성장

민간 기업	미래 성장 동력
재사용 발사체	위성 산업
육성	경쟁력

4. 의미·평가·전망 표현

의의	시사점
함의	가치관
방향성	공공성

어휘　확인하기 1

※ 다음 어휘를 알맞은 설명과 연결하십시오.

1. 우주 탐사　•　• 인공위성이 지구 주위를 도는 경로

2. 지구 궤도　•　• 조사하거나 연구하려는 천체나 지역

3. 탐사 대상　•　• 로켓이나 우주선을 이용해 우주를 조사하고 연구하는 활동

4. 우주 쓰레기　•　• 사용이 끝난 위성이나 부품이 우주에 남아 있는 것

어휘　확인하기 2

※( )에 들어갈 가장 알맞은 말을 고르십시오.

1. 우주 산업은 향후 국가 경제를 이끌 중요한 ( )(으)로 평가되고 있다.

　① 부수적 과제　　② 민간기업　　③ 중장기 계획　　④ 미래 성장 동력

2. 우주 산업은 국가의 미래를 좌우하는 핵심 분야로, 장기적인 ( ) 없이는 지속적인 성장이 어렵다.

　① 기술　　② 전략　　③ 경험　　④ 변화

3. 우주 개발의 성과는 과학적 의미를 넘어 사회 전반에 다양한 ( )을/를 남긴다.

　① 시사점　　② 기준　　③ 규칙　　④ 위험

4. 지구 주변을 돌지만 더 이상 사용되지 않아 충돌 위험을 일으키는 물체를 ( )(이)라고 한다.

　① 인공위성　　② 우주 쓰레기　　③ 탐사선　　④ 발사체

문법 ① - 을/를 계기로

- 스푸트니크 1호 발사**를 계기로** 우주 시대가 시작되었다.
- 세계 우주 주간**을 계기로** 우주 과학에 대한 대중의 관심이 높아졌다.

※ **' -을/를 계기로'** 표현을 사용하여 두 문장을 한 문장으로 완성하십시오.

1. 한국의 달 탐사선 다누리가 성공적으로 임무를 수행했다. / 한국은 장기 우주 탐사 계획을 본격적으로 추진하게 되었다

---

2. 민간 기업들이 우주 산업에 참여하기 시작했다. / 우주 산업의 경쟁력이 크게 강화되었다.

문법 ② - 고자

　: 화자나 주어의 의지·목표·의도를 공식적이고 객관적으로 표현할 때 사용하는 문법

- 우주 탐사의 역사를 기념하**고자** 유엔은 '세계 우주 주간'을 지정했다.
- 우주 탐사는 인류의 과거를 돌아보고, 미래를 준비하**고자** 하는 활동이다.

※ **'-고자'** 표현을 사용하여 두 문장을 한 문장으로 완성하십시오.

1. 정부는 민간 기업의 우주 산업 참여를 확대하려고 한다. / 이를 통해 새로운 성장 동력을 마련할 계획이다.

---

2. 정부는 우주 개발 정책을 장기적으로 추진하려고 한다. / 국가 전략을 체계적으로 마련해야 한다.

[심층기획] 세계 우주 주간과 한국 우주개발의 새로운 방향

1957년 10월 4일, 인류는 처음으로 우주에 인공위성을 보내는 데 성공했다. 소련이 발사한 스푸트니크 1호는 지구 궤도를 돌며 우주 시대의 시작을 알렸다. 이 사건 이후 우주는 더 이상 상상의 공간이 아니라, 과학과 기술로 탐사하는 대상이 되었다. 이러한 우주 탐사의 역사를 기념하고자 유엔은 매년 10월 4일부터 10일까지를 '세계 우주 주간'으로 지정했다.

세계 우주 주간의 목적은 우주 과학과 기술이 인류 발전에 어떤 역할을 해 왔는지를 알리고, 국가 간 협력을 강화하는 데 있다. 특히 청소년과 일반 시민에게 우주에 대한 관심을 높이는 교육적 의미가 크다. 이 기간 동안 전 세계 여러 나라에서는 전시, 강연, 체험 행사 등이 열린다.

우주 탐사가 확대되면서 이를 규제하는 국제 규범도 필요해졌다. 1967년 발효된 우주조약은 우주를 전 인류의 공동 자산으로 규정하고 평화적인 목적으로만 이용해야 한다는 원칙을 제시했다. 하지만 최근에는 우주 산업의 상업화, 우주 쓰레기 증가, 민간 기업의 참여 확대 등 새로운 문제가 나타나고 있다. 이에 따라 기존 제도를 보완해야 한다는 논의도 계속되고 있다.

한국 역시 이러한 변화 속에서 우주 정책의 전환기를 맞고 있다. 2024년 출범한 우주항공청은 국가 우주 개발 정책을 통합적으로 추진하기 위해 설립되었다. 이는 분산되어 있던 우주 관련 업무를 하나로 묶고, 중장기 전략을 체계적으로 추진하기 위한 조치다.

현재 한국은 '우주개발 2.0'이라는 새로운 단계에 들어섰다. 기존의 정부 중심 개발에서 벗어나 민간 기업의 참여를 확대하고 우주 산업을 미래 성장 동력으로 키우는 것이 목표다. 재사용 발사체 개발, 위성 산업 육성, 국제 협력 강화 등이 주요 과제로 제시되고 있다. 우주 탐사는 과거의 성과를 넘어 미래를 준비하는 과정이다. 기술 발전과 함께 책임 있는 이용과 협력이 중요해지고 있다. 우주는 이제 특정 국가만의 영역이 아니라, 인류가 함께 고민하고 설계해야 할 공동의 공간이 되고 있다.

1. 위 글의 내용과 일치하지 않는 것은 무엇입니까?

① 인공위성 스푸트니크 1호는 우주 시대의 개막을 알린 상징적 사건이다.
② '우주조약'은 우주의 평화적 이용과 인류 공동 자산으로서의 원칙을 담고 있다.
③ 세계 우주 주간은 1967년 우주조약이 발효된 날을 기념하기 위해 지정되었다.
④ 한국의 우주항공청은 우주 관련 정책을 체계적으로 추진하기 위해 설립되었다.

2. '우주개발 2.0' 단계에 있는 한국 우주 정책의 특징으로 가장 적절한 것은 무엇입니까?

① 정부가 모든 개발 과정을 독점하고 관리하는 시스템을 강화한다.
② 민간 기업의 참여를 넓혀 우주 산업을 미래 성장 동력으로 육성한다.
③ 우주 쓰레기 문제를 해결하기 위해 민간 기업의 활동을 전면 제한한다.
④ 국제 협력보다는 국가 자급자족 중심의 폐쇄적 위성 산업을 추진한다.

3. 유엔(UN)이 매년 10월 4일부터 10일까지를 '세계 우주 주간'으로 지정한 목적이 무엇입니까?

4. 최근 국제 사회에서 기존 제도를 보완해야 한다는 논의가 계속되는 구체적인 이유 세 가지를 쓰십시오.

1. 각 문단에서 중요한 키워드를 2-3개를 찾아 쓰십시오.

문단	핵심 키워드
1문단	
2문단	
3문단	
4문단	
5문단	

2. 다음 빈 칸에 들어갈 알맞은 내용을 쓰십시오.

1문단:

2문단:

3문단:

4문단:

5문단:

----

3. 다음 표현을 사용하여 위의 내용을 5-6 문장으로 자신의 말로 요약해 보십시오.

나의 말로 요약하기

  K-뉴스 읽기 · 외국인을 위한 시사 한국어

적용하기 우주 쓰레기 문제 해결 방법 찾기

※우주 쓰레기 증가 문제를 해결하기 위한 나만의 기술적 대안을 구상해 보십시오.

1. 내가 선택한 우주 쓰레기 수거 방식

✔ 하나에 체크하거나 직접 써 보세요.

□ 그물형　　　□ 자석형　　　□ 레이저형　　　□ 기타: ______________________

2. 기술 이름 정하기

👉 내가 만든 기술에 어울리는 이름을 붙여 보세요.

기술 이름: ______________________

3. 기술의 원리 설명 (글쓰기)

아래 질문을 참고하여 그림 혹은 글로 설명하세요.

🔴 질문 도움말

이 기술은 어떻게 작동하나요?

어떤 우주 쓰레기를 대상으로 하나요?

왜 이 방법이 효과적이라고 생각하나요?

____

____

____

확장
하기

※"우주 시대를 주제로 카드뉴스를 만들어 발표해 보십시오.

카드 뉴스 기본 틀

사용 가능 도구 : Canva / PPT / Google Slides / 손그림 후 사진

카드	기능	질문
1	제목	
2	현상	
3	배경	
4	의미	
5	전망	

시사 용어 더하기

용어	의미
뉴스페이스(New Space)	정부 중심이 아닌 민간 기업 주도의 우주 산업 시대를 가리키는 용어이다.
우주항공청(KASA)	2024년 출범한 한국의 우주 전담 기관으로, 국가 우주 정책과 산업을 통합 추진한다.
저궤도 (LEO, 저지구궤도)	지구에서 약 2,000km 이하의 궤도로, 통신·관측 위성이 많이 집중된 지역이다.
케슬러 신드롬 (Kessler Syndrome)	위성 충돌이 연쇄적인 파편 충돌을 일으켜 우주 이용이 어려워지는 현상을 말한다.
우주 교통 관리(STM, Space Traffic Management)	우주 공간에서 위성과 쓰레기의 충돌을 예방하기 위한 국제적 관리 체계를 뜻한다.
초소형 위성	무게가 가볍고 제작 비용이 낮아 다수 발사가 가능한 소형 인공위성이다.
위성 군집 (위성 군집체계)	여러 개의 위성을 동시에 운용해 통신·관측 효율을 높이는 방식이다.
대기권 재진입	우주 물체가 지구 대기권으로 다시 들어오는 과정으로, 우주 쓰레기 처리 방식 중 하나이다.
궤도 이탈	임무를 마친 위성이나 물체가 원래 궤도를 벗어나는 현상을 의미한다.
우주 거버넌스	우주 활동을 관리하기 위한 국가·국제 차원의 정책·제도 체계를 말한다

정답

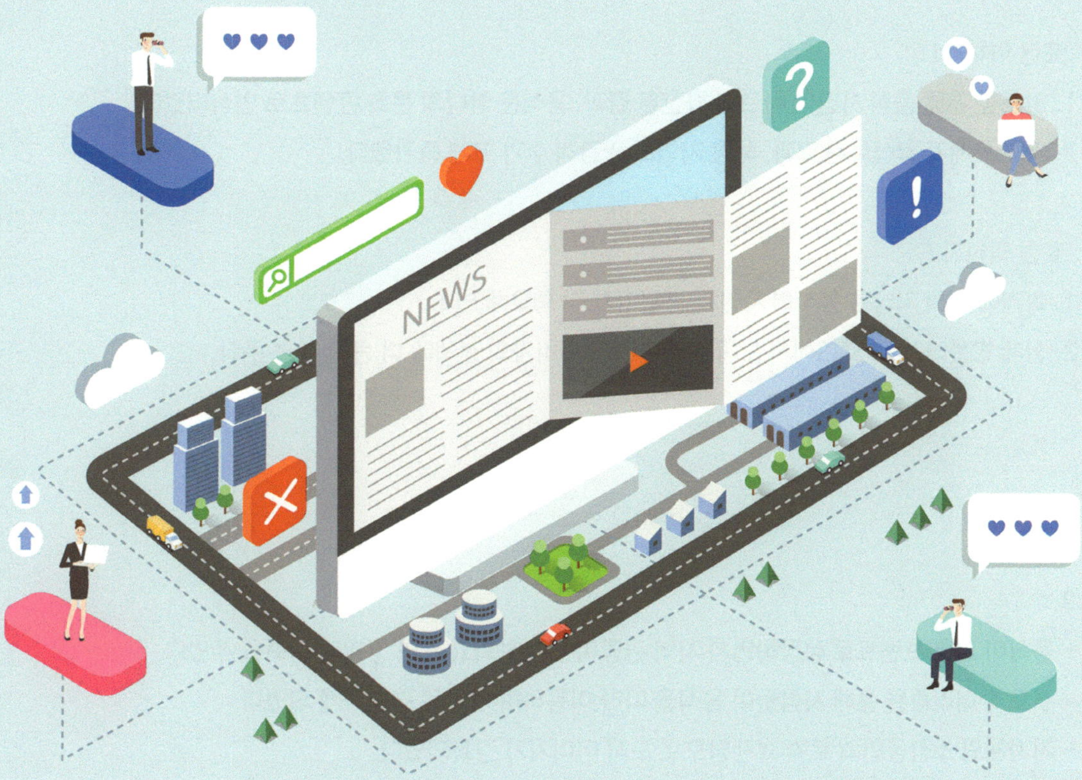

정답

1과 ·······●

① 인지도 / ② 후기 / ③ 매출 / ④ 조회 수

(1) 푸드 투어리즘 → 지역의 음식을 중심으로 그 지역의 문화와 생활을 체험하는 관광

(2) 로컬 브랜딩 → 지역의 특징을 살려 도시나 마을의 이미지를 만드는 전략

(3) 소상공인 → 규모가 작은 가게나 사업을 운영하는 사람

(4) 지자체 → 지역 행정을 담당하는 지방 정부 기관

1. SNS를 통해 음식 사진이 빠르게 확산된 결과, 음식은 하나의 문화 콘텐츠로 인식되었다.

2. 지역 축제가 활성화된 결과, 해당 지역의 관광객 수가 크게 증가했다.

1. 과거에 비해 지금은 음식의 사진과 분위기가 더 중요해졌다.

2. 실제 방문에 비해 SNS에서 보이는 이미지가 소비자의 선택에 더 큰 영향을 준다.

1. ①

2. ④

3.

– 음식이 지역 브랜드로 성장하면서 지역 관광이 활성화되고 지역 경제에 활력을 주었다.

– 푸드 투어리즘을 통해 사람들이 음식을 따라 이동하며 지역을 경험하게 되었다.

– 지자체와 소상공인의 로컬 브랜딩으로 도시 이미지가 강화되었다.

4. 과도한 인증 문화/ 사진과 SNS 반응이 중요해지면서 과시적 소비와 허위 리뷰가 늘어났기 때문이다.

1.

문단	핵심 키워드
1문단 – 주제 제시	보이는 맛의 시대, SNS, 이미지 소비
2문단 – 원인 설명	SNS · 미디어, 인플루언서, 매출 · 인지도
3문단 – 긍정적 영향	지역 브랜드, 푸드 투어리즘, 지역 경제
4문단 – 문제점 제시	인증 문화, 허위 리뷰, 과시적 소비
5문단 – 결론	경험, 공유, 문화 코드

2.

1문단 : 이미지와 SNS

2문단 : SNS가 / 콘텐츠

3문단 : 지역 관광을 활성화시키고

4문단 : 인증 문화는 / 왜곡된 소비 행태를

5문단 : 경험을 / 공유를

2과 ······●

어휘 확인하기 1

① 팬덤 / ② 직관 / ③ 매진 / ④ 관중 수

어휘 확인하기 2

(1) 유튜브 채널 → 영상 콘텐츠를 정기적으로 업로드하고 운영하는 온라인 플랫폼

(2) 조회 수 → 영상을 시청한 횟수를 나타내는 수

(3) 바이럴 → 특정 콘텐츠나 영상이 많은 사람들에게 빠르게 퍼지는 현상

(4) 입덕 → 스포츠나 문화 콘텐츠를 처음 접하고 팬이 되는 과정

표현 익히기1

1. 유튜브를 비롯해 인스타그램, 블로그 등 각종 플랫폼에서 맛집 정보가 공유되고 있다.

2. 선수 굿즈와 중계 콘텐츠를 비롯해 야구 산업이 확장되고 있다.

정답

1. 미디어 환경에 따라서 야구를 즐기는 방식이 달라질 수 있다.

2. 경기 결과에 따라서 팬들의 반응이 다르게 나타난다.

1. ④

2. ④

3. 한국 야구의 열정적인 응원 문화가 하나의 엔터테인먼트이자 문화 경험으로 느껴지기 때문에 외국인 관광객에게 매력적으로 보인다.

4. 야구가 유튜브와 예능 콘텐츠로 소비되면서 경기 규칙을 몰라도 즐길 수 있게 되었기 때문에, 콘텐츠 중심 문화에 익숙한 MZ세대에게 매력적으로 느껴진다.

1.

문단	핵심 키워드
1문단 – 현상 제시	관중 수 증가, 흥행, MZ세대
2문단 – 원인 분석	미디어 환경, 유튜브 콘텐츠, 접근성
3문단 – 구체적 사례	먹거리, 이벤트, 직관 문화
4문단 – 영향 및 전망	야구 산업, 굿즈 소비, 문화 산업

2.

1문단 : 역대급 흥행 기록 / MZ세대

2문단 : 유튜브 / 진입 장벽 / 소통

3문단 : 먹거리 / 이벤트 / 응원 문화

4문단 : 산업 / 문화

3과 ·······●

① 인식되어 / ② 체험하는 / ③ 이끌어 / ④ 제시한다

어휘 확인하기2

1. ② 감각

2. ② 정서

3. ③ 확장되고

4. ③ 인상

표현 익히기1

1. 최근 미술관은 조용히 감상하는 공간에서 벗어나며 오감을 활용해 예술을 체험하는 장소가 되고 있다.

2. 전시장에 흐르는 음악은 작품과 관객 사이의 거리를 좁히며 관람객의 감각을 자연스럽게 이끈다.

표현 익히기2

1. 어떤 음악과 함께하느냐에 따라 작품이 주는 인상이 달라진다.

2. 예술을 어떻게 체험하느냐에 따라 느껴지는 감정과 정서가 확장된다.

내용 이해하기

1. ④ 음악과 함께하는 전시는 관람객의 감각을 자연스럽게 이끈다.

2. ④ 작품과 관람객 사이의 거리를 좁혀 주는 기능

3. 단순히 작품을 구경하는 것에서 벗어나 오감을 활용해 스스로 예술을 느끼고 경험하는 주체로 바꾸고 있다.

4. 설명문을 읽지 않아도 음악의 분위기를 통해 작품이 가진 정서와 흐름을 느낄 수 있도록 도와준다는 의미한다.

읽고 정리하기

1.

문단	핵심 키워드
1문단	미술관의 변화, 음악과 미술, 감각
2문단	안내자, 정서와 흐름, 개인적인 경험
3문단	오감 체험, 새로운 방향, 문화 향유
4문단	참여 방식의 변화, 예술의 주체, 새로운 변화

정답

2.

1문단 : 즐기는 새로운 방식의

2문단 : 개인적인 경험

3문단 : 오감을 활용해 예술을 체험하는

4문단 : 조용히 바라보며, 스스로

4과 ·······●

어휘 확인하기 1

1. 인식되고

2. 비롯된다

3. 불안하면

4. 공유하면 (또는 나누면)

어휘 확인하기2

1. ③ 경쟁

2. ① 표현하는

3. ② 우울감

4. ④ 균형

표현 익히기1

1. 고민을 나누는 것은 감정을 정리하고 심리적 부담을 줄이는 데 큰 도움이 되기 때문이다.

2. 취미 활동을 하거나 가벼운 운동을 하는 것은 마음의 균형을 회복하는 데 긍정적인 역할을 한다.

표현 익히기2

1. 진정한 행복은 불안하거나 힘든 감정을 인정하고 자신을 돌보려는 태도에서 비롯된다.

2. 현대인들이 겪는 마음의 병은 보통 치열한 경쟁과 빠른 사회 변화에서 비롯된다.

내용 이해하기

1. ③ 마음 건강은 현대 사회에서 중요한 건강 요소로 인식되고 있다.

2. ④ 전문 치료만을 통한 해결 (본문에서는 휴식, 생활 습관, 고민 나누기 등 일상적 관리를 강조함)

3. 항상 긍정적인 감정만 느끼는 것이 아니라, 힘들 때도 자신을 인정하고 돌보며 마음의 안정을 찾는 상태를 의미한다.

4. 충분한 휴식과 규칙적인 생활을 하고, 자신의 감정을 솔직하게 표현하거나 취미 활동 및 운동을 통해 마음의 균형을 잡는 방법이 있다.

읽고 정리하기

1. 문단별 핵심 키워드

문단	핵심 키워드
1문단	신체 건강만큼 중요한 요소, 사회적 과제
2문단	감정 인식과 표현, 일상적 관리 방법
3문단	자신을 돌보는 태도, 일상의 작은 선택
4문단	안정적인 삶, 중요한 건강 습관

2. 문단별 요약

1문단 : 현대 사회에서 중요한 건강 요소이자 사회 전체가 함께 고민해야 할 과제

2문단 : 마음 건강을 지키는 구체적인 실천 방법

3문단 : 힘든 감정을 인정하고 자신을 돌보려는 태도에서 비롯된다는 것

4문단 : 마음 건강을 꾸준히 관리하려는 일상의 작은 실천

5과 ······●

어휘 확인하기 1

1. 의료 인프라　　　　　　　　2. 규제 합리화

3. 맞춤형 서비스　　　　　　　4. 선순환 구조

어휘 확인하기2

(1) 디지털 헬스케어 — 디지털 기술로 건강을 관리하는 의료

(2) 원격의료 — 멀리 있어도 화면으로 진료하는 의료

(3) 임상 데이터 — 환자의 검사 결과와 치료 기록 자료

(4) 맞춤형 서비스 — 개인 상태에 맞춰 제공되는 서비스

표현 익히기1

1. K-헬스가 글로벌 시장에서 경쟁력을 갖추기 위해서 국제 표준에 맞는 제도를 정비해야 한다.

정답

2. 개인 맞춤형 건강관리 서비스는 국민의 삶의 질을 높이기 위해서 필요하다.

(예시 답안)

1. 축적된 임상 데이터를 바탕으로 정확한 진단 시스템을 구축할 수 있었다.

2. 고도화된 ICT 기술을 바탕으로 인공지능이 질병을 예측하는 시대가 되었다.

1. ③ K-헬스는 산업 성장보다 이익 창출만을 목표로 한다. (본문에서는 공공적 가치 실현도 강조함)

2. ④ 정부 : 의료기관 운영과 임상 현장 직접 관리 (정부의 역할은 규제 합리화와 데이터 활용 기반 마련임)

3. 연구 성과가 실증과 사업화로 이어지고 그 성과가 다시 산업 발전의 동력이 되는 구조를 의미한다.

4. (예시 답안) 다국어 지원이 가능한 원격의료 서비스나 AI 기반의 증상 예측 시스템, 그리고 개인의 특성을 반영한 맞춤형 건강관리 앱 등이 도움이 될 수 있다.

1. 문단별 핵심 키워드

문단	핵심 키워드
1문단	K-헬스, 성장 동력
2문단	규제 합리화, 산학 협력, 선순환 구조
3문단	공공적 가치, 삶의 질 향상, 전략적 위상
4문단	의료 데이터 보호, 사회적 신뢰, 디지털 격차 해소

2. 문단별 요약

1문단 : 성장 동력

2문단 : 선순환 구조

3문단 : 의료 접근성

4문단 : 서비스 안전성 확보, 디지털 격차 해소

6과 ·······●

1. 일상화　　　　　　　　　　2. 디지털 의존도

3. 디지털 리터러시　　　　　　4. 사회적 고립

② 통제하지

③ 균형

① 사회적

① 의식적으로

표현 익히기1

1. 기술의 편리함에만 의존하기보다는 스스로를 돌아보고 조절하는 태도가 필요하다.

2. 사용 시간을 정해두지 않기보다는 오프라인 활동 시간을 의식적으로 확보하는 것이 좋다.

표현 익히기2

(예시 답안)

1. 플랫폼 중심 사회의 확산으로 인해 디지털 기기에 대한 의존도가 더욱 높아졌다.

2. 직접적인 소통이 줄어듦으로 인해 사회적 고립을 느끼는 사람들이 늘어나고 있다.

내용 이해하기

1. ④ 디지털 중독 문제와 균형 있는 생활의 중요성

2. ③ 플랫폼 중심 사회가 확산되었기 때문이다.

3. 디지털 중독은 개인의 의지 문제일 뿐만 아니라, 소통과 소비 등 모든 일상이 온라인 플랫폼을 통해 이루어지는 사회 구조적 요인과 연결되어 있기 때문이다.

4. 디지털 기기를 완전히 끊는 것이 아니라, 사용 시간을 점검하고 오프라인 활동이나 취미 생활을 늘리며 디지털 없이 보내는 시간을 의식적으로 확보하는 것이다.

정답

읽고 정리하기

1. 문단별 핵심 키워드

문단	핵심 키워드
1문단	디지털 중독, 일상 기능 장애, 통제 불능, 부정적 영향
2문단	플랫폼 중심 사회, 디지털 의존도, 사회적 고립
3문단	수면 장애, 정서적 피로, 삶의 만족도 저하
4문단	디지털 리터러시, 사회적 지원, 공공 보건
5문단	균형 있는 생활, 자기 조절, 오프라인 활동

2. 문단별 요약

1문단 : 부정적인 영향   2문단 : 의존도

3문단 : 삶의 만족도   4문단 : 사회적

5문단 : 균형

7과

어휘 확인하기1

1. 모빌리티   2. 인프라

3. 실증 테스트   4. 자율주행

어휘 확인하기2

1. ③ 낙관론   2. ② 생존권

3. ④ 책임 소재   4. ④ 획기적으로

표현 익히기1

1. 도로 인프라와 자동차가 서로 연결된 덕분에 자동차 사고를 미리 예방할 수 있게 되었다.

2, 핵심 부품의 국산화율을 높인 덕분에 미래 자동차 산업이 짧은 시간에 발전할 수 있었다.

표현 익히기2

(예시 답안)

1. 기술이 편리함을 주기는 하지만 일각에서는 부작용을 우려하고 있다.

2. 사고율을 낮추기는 하지만 아직 해결해야 할 법적 문제들이 남아 있다.

내용 이해하기

1. ③ 정부의 규제 혁신은 기업들이 기술 격차를 줄이는 데 긍정적인 역할을 했다.

2. ④ 기술의 혜택을 누리는 동시에 소외되는 계층의 생존권과 사회적 합의를 고민해야 한다.

3. 인간의 실수를 줄이고 효율성을 높일 수 있게 되었음에도 불구하고 완벽한 안전을 담보하기 위한 시스템 고도화 작업이 여전히 필요하기 때문이다.

4. 차량 공유 서비스의 확산으로 대중의 접근성은 높아졌지만 이로 인해 일자리를 잃게 될 운송업 종사자들의 생존권이 위협받는 문제를 의미한다.

읽고 정리하기

1. 문단별 핵심 키워드

문단	핵심 키워드
1문단	모빌리티 기술, 사고율 저하, 시스템 고도화
2문단	생존권, 이동 비용 절감, 사회적 합의
3문단	규제 혁신, 국산화율, 국가 경쟁력
4문단	사고 발생 시 책임 소재, 법적 가이드라인

2. 문단별 요약

1문단 : 자율주행 기술이 사고율을 획기적으로 낮추는 단계에 진입했음을 밝힌다.

2문단 : 기술 발전 이면의 운송업 종사자 생존권 문제와 사회적 합의의 필요성을 강조한다.

3문단 : 글로벌 패권 장악을 위해 규제 혁신과 핵심 부품 국산화가 병행되어야 함을 설명한다.

4문단 : 사고 발생 시 제조사와 사용자 간의 책임 소재를 가리는 법적 가이드라인 마련이 시급함을 제안한다

 정답

8과 ·······●

1. 사회구조
3. 인프라
2. 규제
4. 실천

1. ② 낮춤
3. ② 미세먼지
2. ② 생존권
4. ① 사회적 합의

1. 이 책은 내용이 유익할 뿐 아니라 읽기도 쉽다.

2. 자전거는 교통 혼잡을 줄일 뿐 아니라 환경 보호에도 도움이 된다.

1. 평론가들은 이 드라마가 캐릭터 설정은 흥미롭지만 전개가 느리다는 점을 지적했다.

2. 교수는 학생들이 발표 내용은 잘 준비했지만 시간 조절이 부족하다는 점을 지적했다.

1. ④ 제품 설계 시 재활용을 고려하는 기업의 책임

2. ① 쓰레기 분리배출률이 높으면 재활용률도 높아진다. (단순 배출량보다 질적인 분리가 중요하다는 점이 강조됨)

3. 자동차 중심의 이동 방식에서 벗어나 환경과 건강을 고려하여 자전거를 이용하는 생활 방식으로 변화하는 것을 의미한다.

4. 개인의 일상 속 실천, 기업의 친환경적 제품 생산, 그리고 정부와 지자체의 제도적 인프라 구축이 조화롭게 이루어져야 한다.

1. 문단별 핵심 키워드

문단	핵심 키워드
1문단	자전거 도시, 저탄소 이동 방식
2문단	탄소 중립, 미세먼지 저감, 지속 가능한 이동
3문단	자전거 전용 도로, 교통 체계 개선, 이동 선택지
4문단	시민 인식 변화, 일상 속 실천, 환경과 건강 고려
5문단	안전한 도로 환경, 이동 문화 전환, 미래 도시 방향

2. 문단별 요약

1문단 : 자전거 도시

2문단 : 탄소 중립 실현과 도심 환경 개선

3문단 : 자전거 도로 확충 등 교통 체계

4문단 : 환경과 건강을 고려한 인식

5문단 : 안전한 도로 환경과 이동 문화 전환

3. 한 문장 요약

(예시 답안)

우리 사회는 자전거를 활용한 저탄소 이동 방식을 통해 시민들이 환경 보호를 일상에서 실천하며 미래 도시의 방향을 설정하고 있다.

9과

어휘 확인하기1

1. 정착되었다

2. 폐기물

3. 전환

4. 고부가가치

어휘 확인하기2

1. ② 선순환

2. ③ 설계

3. ① 가치

4. ① 톱니바퀴

정답

표현 익히기1

1. 시민들이 분리배출에 적극적으로 참여했다면 자원 재활용률이 지금보다 훨씬 높았을 것이다.

2. 기업들이 친환경 공법을 도입했다면 탄소 배출로 인한 환경 오염을 방지할 수 있었을 것이다.

표현 익히기2

1. 분리배출은 단순히 쓰레기를 버리는 것이 아니라 자원을 다시 사용하기 위해 준비하는 과정이다.

2. 환경 보호는 미래 세대에만 중요한 것이 아니라 현재를 사는 우리에게도 중요한 과제이다.

본문 이해하기

1. ④ 제품 설계 시 재활용을 고려하는 기업의 책임

2. ① 높은 분리배출률은 곧 높은 재활용률로 이어진다.

3. 쓰레기를 단순히 버려야 할 오염원이 아니라, 고부가가치를 창출할 수 있는 새로운 자원으로 인식하는 것을 의미한다.

4. 제품 설계 단계부터 재활용을 고려하는 기업의 책임, 이를 뒷받침하는 정부의 제도, 그리고 시민의 가치 소비와 실천이 조화롭게 맞물려야 한다.

읽고 정리하기

1. 문단별 핵심 키워드

문단	핵심 키워드
1문단	순환 경제, 필수 전략, 일직선 구조 탈피
2문단	분리배출, 재활용률의 한계, 제품 설계
3문단	가치 소비, 무라벨 생수, 브랜드 가치
4문단	선순환, 톱니바퀴, 시대적 과제

2. 문단별 요약

1문단 : 순환 경제 또는 순환 사회

2문단 : 제품 설계 단계부터 재활용을 고려하는 기업의 책임

3문단 : 고부가가치를 창출하는 자원으로 인식하는 관점 전환

4문단 : 개인, 기업, 정부의 유기적인 협력

3. 한 문장 요약

요약 문장 : 우리 사회는 폐기물을 자원으로 되돌리는 순환 경제 방식을 통해 시민과 기업이 자원의 선순환을 함께 실천하며 환경 보호의 방향을 찾고 있다.

10과 ⋯⋯⋯●

어휘 확인하기1

① 워라밸 / ② 유연근무제 / ③ 업무 효율성 / ④ 수평적 관계

어휘 확인하기2

(1) 소통 → 서로 말하고 듣고, 생각과 마음을 나누는 것

(2) 위계질서 → 위와 아래가 분명한 관계나 순서

(3) 공감대 → 여러 사람이 함께 느끼는 생각

(4) 조화 → 서로 다르지만 잘 어울리는 상태

표현 익히기1

1. 기존 세대는 직장의 안정성을 중요하게 여기는 반면에, MZ세대는 자율적인 근무 환경을 더 선호한다.

2. 이 회사는 규칙을 엄격하게 적용하는 반면에, 회식 문화는 비교적 자유로운 편이다.

표현 익히기2

1. 일이 바쁘더라도 개인의 삶을 포기하지 않으려는 사람들이 늘고 있다.

2. 새로운 제도가 아직 익숙하지 않더라도 회사는 이 제도를 계속 유지할 계획이다.

내용 이해하기

1. ②

2. ②

3.

- 워라밸을 중시하고 자율적인 근무 환경을 선호한다.

– 수평적 관계와 의견을 나누는 소통을 중시한다.

– 유연근무제·재택근무 등 다양한 근무 방식을 선호한다.

4.

원인 : 기존 세대가 MZ세대의 태도를 책임감 부족이나 헌신 약화로 인식하기 때문이다.

해결 방향 : 서로의 가치관을 이해하고 조율하려는 노력이 필요하다.

읽고 정리하기

1.

문단	핵심 키워드
1문단	MZ세대, 워라밸, 자율적 근무 환경
2문단	수평적 관계, 소통 방식 변화, 조직 문화
3문단	유연근무제, 재택근무, 업무 효율성
4문단	세대 갈등, 가치관 차이, 상호 이해

2.

1문단 : MZ세대는 워라밸과 개인의 행복을 중시하며 자율적인 근무 환경을 선호하는 직장 문화를 만들어 가고 있다.

2문단 : 직장 내 소통 방식이 수평적으로 변화하고 있으며, 조직 문화와 회식 문화도 유연하게 바뀌고 있다.

3문단 : 유연근무제와 재택근무 확대로 업무 효율성과 만족도가 함께 높아지고 있다.

4문단 : 세대 간 갈등이 나타나고 있으나, 상호 이해와 조율을 통해 건강한 직장 문화로 나아가야 함을 강조한다.

11과 ·······●

어휘 확인하기1

① 사회구조 / ② 현상 / ③ 고용 / ④ 자산

1. ②   2. ③

3. ③   4. ②

표현 익히기1

1. 요즘 사람들의 인간관계는 온라인 기반의 소통으로 바뀌어 가고 있다.

2. 지역 공동체 활동은 혼자 사는 사람들의 정서적 안정망으로 자리 잡아 가고 있다.

표현 익히기2

1. 주거 비용이 계속 오르면서 청년들은 독립을 미루게 되었다.

2. 고령 인구가 증가하면서 노인 돌봄 문제가 사회적으로 중요한 과제가 되었다.

내용 이해하기

1. -③   2. -③

3. -③

4. 어느 한쪽의 옳고 그름이 아니라, 서로의 가치관을 이해하고 조율하는 노력의 필요성

읽고 정리하기

1.

문단	핵심 키워드
1문단	MZ세대 / 워라밸 / 일과 삶의 균형
2문단	수평적 소통 / 조직 문화 변화 / 자율성
3문단	유연근무 / 재택근무 / 업무 효율·만족
4문단	세대 갈등 / 가치관 차이 / 조율과 지속 가능성

2.

1문단 : MZ세대는 일보다 삶의 균형을 중시하며, 이러한 가치관 변화가 한국 직장 문화에 영향을 미치고 있다.

2문단 : 이로 인해 직장 내 소통 방식과 조직 문화가 수평적이고 자율적인 방향으로 바뀌고 있다.

3문단 : 유연근무제와 재택근무 확대로 근무 방식이 다양해지고, 업무 만족도와 효율성이 높아지고 있다.

4문단 : 글쓴이는 세대 간 갈등을 넘어 상호 이해와 조율이 필요하다고 강조한다.

12과 ‥‥‥‥●

어휘 확인하기1

① 형태 / ② 비중 / ③ 지역 정주 / ④ 인구 감소

어휘 확인하기2

1. ④   2. ③

3. ③   4. ③

표현 익히기1

1. 최근 발표된 통계에 따르면 다문화 가정의 출생아 수는 증가하고 있다.

2. 교육부에 따르면 외국인 유학생 수는 해마다 늘고 있는 추세다.

표현 익히기2

1. 다문화 사회의 안정적인 정착은 지역 사회의 수용성과 노력에 달려 있다.

2. 앞으로의 사회 통합은 서로를 이해하려는 태도와 실천에 달려 있다.

내용 이해하기

1. ④

2. ③

3. 2012년 이후 12년 만에 다문화 출생아 수가 증가로 전환되었기 때문에, 코로나 이후 가족 형성이 회복 국면에 들어섰음을 보여 주는 상징적 변화이기 때문이다.

4. 다문화 사회를 관리 대상이 아닌 '함께 살아가는 구성원'으로 보고 관계와 공존의 방식을 지역 기반에서 설계하는 것이다.

1.

문단	핵심 키워드
1문단	다문화 출생아 증가 / 혼인 회복 / 코로나 이후 변화
2문단	인구 구조 변화 / 가족 형태 다양화 / 정책 확장
3문단	외국인 유학생 증가 / 지역 사회 역할 / 정책 연계
4문단	지역 정주 / 인구 감소 대응 / 지역 소멸
5문단	공존 / 지역 기반 정책 / 관계 설계

2.

1문단 : 인구 구조와 가족 형성

2문단 : 인구 구조 / 가족 형태

3문단 : 외국인 유학생과 이주배경 아동·청소년 증가로 대학과 지역 사회가 다문화·이민 사회를 준비해야 한다.

4문단 : 지역 정주

5문단 : 관계와 공존의 방식을 어떻게 설계하느냐에 있다.

13과 ·······●

어휘 확인하기1

① 시스템 / ② 직업군 / ③ 노동시장 / ④ 생산성

어휘 확인하기2

1. ①　　　　　　　　　　2. ①

3. ②　　　　　　　　　　4. ③

표현 익히기1

1. 자동화 확산은 인공지능 기술의 발전에 의해 가속화되고 있다.

2. 일부 직업은 로봇 에 의해 점차 사라지고 있다.

정답

표현 익히기2

1. 정부는 재교육과 직업 전환 지원을 통해 노동시장의 충격을 완화하려 하고 있다.

2. 기업은 자동화 시스템 도입을 통해 업무 효율을 높였다

내용 이해하기

1. ①

2. ④

3. 해고에 의존하기보다 재교육과 직무 전환을 통해 노동자가 새로운 환경과 역할로 이동할 수 있도록 하는 능력과 구조를 의미한다.

4. AI시대에는 문제 해결 능력과 새로운 기술을 지속적으로 학습하는 능력이 중요하다. AI와 협업하며 변화에 적응해야 하기 때문이다.

읽고 정리하기

1.

문단	핵심 키워드
1문단	AI 전환 / 생산성 / 일자리 불안
2문단	자동화 / 노동시장 충격 / 사회적 불평등
3문단	일자리 창출 / 새로운 역할 / 기술 협업
4문단	노동시장 유연성 / 재교육 / 평생학습
5문단	제도와 정책 / 사회적 선택 / 변화 관리

2.

1문단 : 일자리 대체

2문단 : 학력과 소득 수준이 낮은

3문단 : AI 전환은 일자리 소멸만을 의미하지 않으며, 새롭게 창출되는 일자리와 AI와 협업하는 새로운 역할이 등장하고 있음을 제시한다.

4문단 : 재교육과 직무 전환, AI 리터러시교육과 평생학습을 통해 노동자가 새로운 환경에 적응하도록 해야 한다고 제안한다.

5문단 : 제도와 정책

14과 ·······●

(1) 사물인터넷(IoT) → 인터넷을 통해 다양한 기기들이 서로 연결되어 정보를 주고받는 기술

(2) 데이터 활용 → 수집된 정보를 분석하거나 서비스 개선에 사용하는 것

(3) 자동 수집 → 사용자가 직접 입력하지 않아도 시스템이 정보를 스스로 모으는 것

(4) 디지털 환경 → 컴퓨터, 스마트폰, 인터넷 등이 중심이 되는 기술 기반 사회 환경

1. ②

2. ③

3. ④

4. ③

1. 스마트 기술이 빠르게 발전하고 있는 가운데 개인정보 침해 위험도 함께 커지고 있다.

2. 온라인 서비스 이용이 계속 증가하고 있는 가운데 개인정보 보호에 대한 사회적 관심도 높아지고 있다.

1. 개인정보 보호 문제는 개인의 일상과 밀접하다는 점에서 사회 전체의 관심이 필요하다.

2. AI 기술은 많은 데이터를 필요로 한다는 점에서 개인정보 보호가 중요한 과제가 된다.

1. ③

2. ④

3. AI는 대량의 학습 데이터를 필요로 하며, 이 과정에서 개인정보가 광범위하게 활용될 가능성이 커지기 때문에 보호 문제가 더욱 복잡해지기 때문이다.

4. 안전한 비밀번호 사용 / 불필요한 개인정보 제공 자제 / 출처 불분명한 링크 주의 / 보안 프로그램 업데이트 / SNS 공개 범위 신중 설정

정답

1.

문단	핵심 키워드
1문단(문제 제기)	스마트 기술 확산 / 개인정보 보호 / 통제 한계
2문단(주요 위험)	사생활 침해 / 정보 유출 / 자동 수집
3문단(원인)	AI 기술 / 대량 데이터 / 사회적 신뢰
4문단(개인의 대응)	보안 수칙 / 개인정보 관리 / 이용자 주의
5문단(사회제도의 역할)	법·제도 개선 / 신고 센터 / 사회적 합의

2.

1문단 : 스마트 기술과 AI 확산으로 개인정보 수집·활용이 늘면서 보호 문제가 중요한 사회적 과제로 떠오르고 있다.

2문단 : 자동 데이터 수집 환경 속에서 사생활 침해와 정보 유출 등 다양한 위험이 커지고 있다.

3문단 : AI 기술은 대량의 개인정보 활용을 전제로 하여 보호 문제를 더욱 복잡하게 만들고 있다.

4문단 : 개인정보 보호를 위해 개인 차원의 보안 실천이 중요함을 강조한다.

5문단 : 개인정보 보호는 제도 개선과 사회적 합의가 함께 이루어져야 할 사회적 과제임을 강조한다.

15과

어휘 확인하기1

(1) 우주 탐사 → 로켓이나 우주선을 이용해 우주를 조사하고 연구하는 활동

(2) 지구 궤도 → 인공위성이 지구 주위를 도는 경로

(3) 탐사 대상 → 조사하거나 연구하려는 천체나 지역

(4) 우주 쓰레기 → 사용이 끝난 위성이나 부품이 우주에 남아 있는 것

어휘 확인하기2

1. ④   2. ②

3. ①   4. ②

1. 한국의 달 탐사선 다누리가 성공적으로 임무를 수행한 것을 계기로, 한국은 장기 우주 탐사 계획을 본격적으로 추진하게 되었다.

2. 민간 기업들이 우주 산업에 참여하기 시작한 것을 계기로, 우주 산업의 경쟁력이 크게 강화되었다.

1. 정부는 새로운 성장 동력을 마련하고자 민간 기업의 우주 산업 참여를 확대하려고 한다.

2. 정부는 우주 개발 정책을 장기적으로 추진하고자 국가 전략을 체계적으로 마련해야 한다.

1. -③

2. -②

3. 우주 과학과 기술이 인류 발전에 기여해 온 역할을 알리고, 국가 간 협력을 강화하며, 시민과 청소년의 우주에 대한 관심을 높이기 위해서이다.

4. 우주 산업의 상업화 / 우주 쓰레기 증가 / 민간 기업 참여 확대

1.

문단	핵심 키워드
1문단(문제 제기)	스푸트니크 / 세계 우주 주간 / 우주 시대
2문단(주요 위험)	우주 과학 / 국제 협력 / 교육적 의미
3문단(원인)	우주조약 / 상업화 / 우주 쓰레기
4문단(개인의 대응)	우주항공청 / 정책 통합 / 중장기 전략
5문단(사회제도의 역할)	우주개발 2.0 / 민간 참여 / 미래 성장 동력

2.

1문단 : 스푸트니크 발사를 계기로 우주 시대가 시작되었고, 이를 기념해 세계 우주 주간이 제정되었다.

2문단 : 세계 우주 주간은 우주 과학의 역할을 알리고 국제 협력과 시민 교육을 확대하는 데 목적이 있다.

3문단 : 우주 산업 변화로 상업화, 우주 쓰레기, 민간 참여 확대 문제로 기존 제도 보완 필요성이 커지고 있다.

4문단 : 한국은 우주항공청 출범으로 우주 정책을 통합·체계화하고 있다.

5문단 : 한국은 우주개발 2.0'단계에서 민간 참여를 확대해 우주 산업을 미래 성장 동력으로 육성하고 있다.